Un Successo Inconsueto

Copyright - Gabriel Agbo

ISBN-13:9781979703826

ISBN-10:1979703825

Tutti i diritti riservati. Nessuna parte di questo libro può essere riprodotta o trasmessa in nessuna forma o mezzo, elettronico o meccanico, inclusi fotocopie, registrazione o sistemi di archiviazione e salvataggio di informazioni, senza il permesso scritto dell'autore.

Salvo diversa indicazione, tutte le citazioni scritturali in questo libro sono prese dalla versione Nuova Diodati (NLT) della Sacra Bibbia.

Editore: Gabriel Agbo

www.authorsden.com/pastorgabrielnagbo

E-mail: gabrielagbo@yahoo.com

Tel: +234-8037113283

Dall'autore del libro best-seller *Il Potere della Preghiera di Mezzanotte*

Si prega gentilmente di lasciare una recensione nella sezione se in realtà questo libro vi ha benedetto e parlate di esso anche ad altri. Grazie!

Dedica

Dedico questo libro al re Davide d'Israele; l'uomo in cerca del cuore di Dio. Fu davvero un uomo grande e di successo. Anche se incontrò difficoltà e ostacoli estremi sulla sua strada, fece totalmente affidamento alla grazia e all'amore di Dio, lavorò sodo e li fece finire. Era un uomo timorato di Dio, affidabile, intelligente e molto coraggioso. E' uno dei miei eroi nelle Scritture. Ho imparato tanto da lui. Dio possa benedire per sempre il nostro amato Re Davide!

Introduzione

Un Successo Inconsueto! Dio ti ha destinato ad avere successo. È tuo diritto. È la tua natura. È proprio nel tuo DNA. Non hai scusa per essere un fallimento. Tutto ciò di cui tu potrai mai aver bisogno in questa vita è già impiantato in te ed è anche incluso nella parola di Dio. Vero. Questo libro ti aprirà gli occhi a questa verità eterna. Non puoi completarlo e rimanere lo stesso.

Qui troverai argomenti come: Puoi Farcela, Le Cose Non Vanno Bene? O SIGNORE, Dio dei Cieli, Mantiene le Sue Alleanze, Ascolta la mia Preghiera, Concedimi il Successo e il Favore, il Lavoro sul Piano della Visione, il Tempismo, il Superamento degli Ostacoli, E' fatta! Scoprirete i segreti dell'uomo più ricco di sempre, l'uomo più forte e il re più potente. E anche preghiere che ti metteranno automaticamente sulla traccia del successo. Dio non ti ha progettato per fallire. Ti ha fatto a Sua immagine e somiglianza. Ciò significa semplicemente che, poiché Egli è un successo, allora dobbiamo esserlo anche noi. Sei nato e salvato per avere successo! Leggi e sii trasformato.

Gabriel Agbo

Contenuto

Dedica

Introduzione

Capitoli

1. **Puoi trionfare**

2. **Le Cose Non Vanno Bene?**

3. **O' SIGNORE Dio del Cielo**

4. **Egli mantiene le Sue alleanze**

5. **Ascolta la mia Preghiera**

6. **Concedimi il Successo e il Favore**

7. **Il Lavoro sul Piano della Visione**

8. **Il Superamento degli Ostacoli**

9. **È fatta!**

"...O SIGNORE, Dio del cielo, il grande e l'imponente Dio che mantiene la sua alleanza di amore continuo con coloro che lo amano e obbediscono ai suoi comandi, ascolta la mia preghiera! Siano i tuoi orecchi attenti, i tuoi occhi aperti per ascoltare la preghiera che il tuo servo ti rivolge adesso, giorno e notte, per i figli d'Israele. Confessando i peccati dei figli d'Israele. Perché abbiamo peccato contro di te; abbiamo peccato io e la casa di mio padre! Abbiamo peccato terribilmente non obbedendo ai comandi, alle leggi e alle prescrizioni che ci hai dato tramite il tuo servo Mosè.

Ricordati della parola che ordinasti al tuo servo Mosè di pronunciare: 'Se sarete infedeli, io vi disperderò fra i popoli. Ma se tornerete a me e osserverete i miei comandamenti e li metterete in pratica, anche se sarete dispersi negli estremi confini del mondo, io di là vi raccoglierò e vi ricondurrò al luogo che ho scelto per farne la dimora del mio nome.

Essi sono tuoi servi, tuo popolo; tu li hai salvati con la tua grande potenza e con la tua forte mano. **O SIGNORE, concedi oggi, ti prego, successo al tuo servo. Mettilo nel suo cuore in modo che sia gentile con me**."

 Neemia 1: 5-11

Puoi Avere Successo

Capitolo Uno

Puoi Avere Successo

Il successo è semplicemente il tuo scopo o obiettivo prefissato. È stato anche definito come raggiungimento di prosperità, buona fortuna. Ma vogliamo definirlo qui come raggiungimento di un obiettivo divino in un momento particolare, in una situazione o nella vita. Quando conoscete il volere di Dio per voi o per gli altri, seguitelo e portatelo a compimento, solo allora avrete successo. Scelgo quest'ultima definizione perché quando raggiungete i vostri obiettivi al di fuori della volontà di Dio o dell'utilità del regno, non avete ancora successo. Dio non vi vede come un successo. Vero.

Ciò significa che il successo non è solo accumulare ricchezza, cose materiali, raggiungere posizioni o soddisfarele vostre ambizioni personali, ecc. No! Potete avere tutto questo e sentirvi ancora molto vuoti. Ma quando raggiungete lo scopo di Dio, c'è sempre quella gioia, freschezza, pace interiore e realizzazione, approvazione divina e benedizione che vengono con essa. Le cose materiali per conto proprio non garantiscono il rispetto.

È per volere di Dio che abbiamo successo nella vita. È per Sua volontà che riusciamo in tutto ciò che facciamo ed Egli lo ha reso abbondantemente chiaro nelle Scritture. Non potete camminare con Dio ed essere un fallimento. Non potete camminare nella Sua parola e fallire. E' impossibile. Questo è il motivo per cui Gesù ha detto che nessuno cammina nella luce (la Sua parola) e inciampa. Vero. Tutto quello di cui avete bisogno per avere successo è nella Sua parola. Ciò lo scoprirete non appena proseguiremo. Personalmente ho letto e seguito la parola di Dio e ho scoperto questa verità eterna. Il nostro successo è garantito nella Sua parola. Ma perché dobbiamo avere successo?

In primo luogo, è la volontà di Dio. In secondo luogo, Dio stesso è un successo e ci si aspetta che siamo come lui. Un figlio sarà come Suo padre. In terzo luogo, ha messo in atto tutto ciò di cui abbiamo bisogno per avere successo ed è un patto. Quarto, il nostro successo rientra sempre nel suo piano ampio e ultimo per l'umanità. Ora, queste sono le cose che cercheremo di stabilire attraverso questo studio e pensiamo di avere una base per farlo attraverso la preghiera e le azioni del grande Neemia. Ma prima di lanciarci in questo, discutiamo innanzitutto alcuni fatti che abbiamo menzionato.

Dio è un successo

Quando studiate o osservate attentamente Dio ciò che scoprirete è una persona che non ha mai fallito in alcun progetto. Anche quando pensate che ci siano ostacoli nel Suo modo o che il tempo sia contro di Lui, in ultima analisi manovra il Suo modo di realizzare i Suoi progetti.

Lo vedete anche nelle Scritture? Ora, guardate all'inizio della creazione. Ci fu detto che tutta la terra era senza speranza, senza forma e nella totale oscurità. Non c'era vita, nessuna luce, nessuna organizzazione e nessuna bellezza. Ma questo non scoraggiò Dio. Arrivò con fede e cominciò a parlare e creare cose. Sì, tutto ciò che vedete nell'universo è stato creato da Dio dal nulla. Ha parlato e tutto ha avuto origine.

Ha creato i cieli e la terra, il cielo, le stelle, il sole, la luna, tutti i pianeti, i mari, la terra, i monti, le vegetazioni, i deserti, le sorgenti, le cascate, gli uccelli, i pesci e altri grandi mammiferi nelle acque, gli animali, i rettili e il più piccolo degli insetti. E ha anche creato l'uomo; che si è moltiplicato per caso oggi in miliardi. Sì, tutte queste cose sono state create dal nulla. Ciò è successo! Dal nulla alla grandezza, creando cose che non ci sono, creando qualcosa dal nulla. Credo che dopo aver letto questo libro inizierai immediatamente a creare cose che non esistono. Partorirai quei sogni e visioni che sono stavano borbottando dentro di te durante l'esistenza. Farai qualcosa di grande da questi niente e nullità. Vediamo questa storia della creazione prima di andare avanti:

"Nel principio Dio creò i cieli e la terra. La terra era informe e vuota, le tenebre coprivano la faccia dell'abisso. E lo Spirito di Dio aleggiava sulla superficie delle acque. Dio disse: «Sia luce!» E luce fu. E Dio vide che la luce era buona. E Dio separò la luce dalle tenebre. Dio chiamò la luce «giorno» e le tenebre «notte». Insieme questi fecero un giorno...

Così furono compiuti i cieli e la terra e<u>tutto l'esercito loro</u>. Il settimo giorno, Dio compì l'opera che aveva fatta, e si riposò il settimo giorno da tutta l'opera che aveva fatta."

Genesi 1: 1-31, 2: 1-2

Sì, la creazione era completa, buona, bella e di successo! E il creatore si riposò. Si è dato una meritata vacanza dopo un lavoro di sette giorni. Ci sarà sempre quella gioia, pace, senso di compimento e riposo dopo ogni successo. Ricordate che abbiamo detto ciò all'inizio. La creazione è stata un grande successo. In realtà, ha guardato a intermittenza ciò che ha fatto e ha visto che era buono! Un successo!

Siamo Come Lui

Ora Dio vuole che abbiamo tanto successo quanto Lui. Vuole che noi possiamo avere successo in tutte le aree della nostra vita. Sì, se Egli è un successo, dobbiamo anche esserlo anche noi. Dopo tutto, la parola di Dio ha detto che così come lo è Lui, così lo siamo noi. Come Egli è in cielo, così noi dobbiamo essere sulla terra. Vero. Ora, tornate indietro e vedete questo nella creazione. Ha appena parlato di creare altre cose, ma quando era il momento di creare l'uomo Dio si è consultato. Poi fece l'uomo a Sua immagine e somiglianza. Cioè, l'uomo ha gli attributi di Dio nel suo *DNA* - può creare, può avere successo, può realizzare il suo pensiero e l'immaginazione, può moltiplicarsi, può sottomettere, può avere il dominio, può far uscire le cose dal nulla. Sì tutte queste capacità sono state costruite nell'uomo dal creatore:

"**E Dio disse: «Facciamo l'uomo a nostra immagine, a nostra somiglianza. E <u>domini</u>sui pesci del mare e sugli uccelli del cielo, sul bestiame, su tutte le bestie selvatiche e piccoli animali.**

Dio creò l'uomo a sua immagine; a immagine di Dio lo creò; maschio e femmina li creò.

Dio li benedisse e disse loro, "Siate fecondi e moltiplicatevi, riempite la terra e soggiogatela. E dominate sui pesci del mare e sugli uccelli del cielo e su ogni essere vivente... Dio vide tutto quello che aveva fatto, ed ecco, era molto buono. Fu sera, poi fu mattina: sesto giorno."

Genesi 1: 26-31

Avete letto questo? C'è molto da afferrare qui. Come abbiamo detto. Dio ha fatto l'uomo per essere come Sè stesso, per moltiplicarsi, sottomettere e essere padrone di tutto.

Maestro di Tutto

Ora, Dio ha fatto l'uomo per essere padrone di tutta la vita. Sei fatto per essere un padrone su tutti gli eventi di questa vita. Dominare significa controllare, sovrastare, superare; la capacità di far funzionare le cose per te.

Questo è esattamente come Dio ha fatto l'uomo. Lo ha fatto per essere in grado di fare tutto il lavoro per il suo bene, per il suo successo. Sì.

Eccellente e completo

Allora, hai anche notato che Dio guarderà sempre tutto ciò che ha creato ogni giorno e riconosce che ciò è buono? Lo hai visto? Ora come mai quando fu il turno dell'uomo, dopo averlo fatto e avergli dato gli ordini, la bibbia disse: "Allora Dio guardò tutto quello che aveva fatto e vide che era **eccellente in ogni modo.**"Perchè? L'uomo dà vita al vertice della conoscenza e abilità creativa di Dio. Esprime la brillantezza, la profondità e la completezza di Dio della sua intelligenza e saggezza. Egli supera il successo di Dio! Sei un successo. È nella tua natura, nel tuo *DNA*. Sei creato per avere successo e non devi accontentarti di meno.

Ora, possiamo parlare del messaggio corretto. Utilizzeremo l'esperienza di Neemia; l'ebreo in esilio tornato a ricostruire le mura di Gerusalemme come nostra guida. Sì, ho trovato nelle sue attività i principi del successo. In verità, tutto ciò di cui hai bisogno per il successo in questa vita è inserito nelle Scritture. Devi solo cercare diligentemente, scoprirle e farle lavorare per te. Vuoi davvero avere successo? Allora andiamo!

Le Cose Non Vanno Bene?

Capitolo Due

Le Cose Non Vanno Bene?

"**E** quelli mi risposero: "I superstiti della deportazione sono là, nella provincia. In gran miseria e nell'umiliazione. Le mura di Gerusalemme restano in rovina e le sue porte sono consumate dal fuoco." Neemia 1:3

Quello che motiva qualcuno a cercare o lavorare per il successo è la voglia di miglioramento. Quando non sei soddisfatto di una situazione esistente, quando percepisci che non hai raggiunto la vetta, l'obiettivo, attuato il tuo potenziale e sogno, allora è naturale pensare al modo migliore per avanzare verso il tuo sogno. Le persone di successo sono semplicemente quelle che non erano soddisfatte delle loro situazioni, ma continuavano a muoversi, superando tutti gli ostacoli fino a raggiungere in modo soddisfacente i loro obiettivi. Hanno visto il bisogno, hanno incontrato e sormontato gli ostacoli e hanno realizzato i loro sogni.

Guardate nuovamente il nostro testo scritturale. Fu allora che la gente di Giuda era in prigionia in Persia. Coloro che erano rimasti dalla terra di Giuda visitarono Neemia, che ora stava scontando l'esilio come portavoce del re nel palazzo del cavaliere. E quando chiese agli ebrei (il suo popolo) che sopravvissero alla prigionia e alla condizione di quella città una volta gloriosa - Gerusalemme, ricevette una molto triste e dolorosa risposta. Gli dissero che le cose non andavano bene per le persone in casa; erano nei guai e in miseria. Poi la città fu abbattuta e le porte bruciate. Dio Mio!

Neemia sentendo questo scoppiò immediatamente in lacrime. Si sedette e pianse senza controllo. Pianse, digiunò e pregò. E chi non lo farebbe? Il tuo popolo, i tuoi cari sono nei guai, in pericolo, sconfitti e nella vergogna. La tua casa, la tua città giace nelle rovine? La città una volta bella, ben costruita, gloriosa e fortificata; circondata da montagne punteggiate di torri, frutteti, piscina e con il magnifico e molto costoso tempio ornato d'oro che ospitava il sancta sanctorum e la grande Arca dell'Alleanza; che significava la presenza continua di Dio con il Suo popolo ora giaceva in rovina! Vi prego, chi non crollerebbe ascoltando questa triste notizia?? Personalmente ho sentito questo shock leggendo quel versetto. Il mio popolo e la mia città sono in grande difficoltà e disgrazia!

Sì, potreste non muovervi o marciare per il successo fino a quando non sentite il modo in cui Neemia si è sentito qui. Questi sono i sentimenti che hanno partorito alcuni dei più grandi uomini e donne di successo, alcuni dei più potenti rivoluzionari della storia. Hanno visto il guaio e la disgrazia e si impegnarono a rovesciare la situazione a tutti i costi. Ecco perché abbiamo detto che non lotterete mai per aver successo se siete soddisfatti della vostra attuale situazione. Qualcosa, alcune condizioni, le aspirazioni devono motivarvi a spostarvi verso maggiori risultati. Qui, per Neemia, sarà la condizione dei suoi fratelli, della sua famiglia, della sua città e del popolo di Dio. Sono nei guai, nella disgrazia e in rovina. Non sarebbe comodo essere a servizio nel palazzo del re, mentre il suo popolo e la sua città rimangono in disgrazia.

Nei Guai, in Disgrazia e in Rovina

Ogni sforzo per un successo genuino e sostenibile deve essere un tentativo di risolvere uno qualsiasi dei problemi sopra menzionati o altre miriade di problemi dell'umanità. Deve essere uno sforzo deliberato per portarli a soluzione. Sì, anche gli esperti di ricchezza parlano di questo. Ti dicono di identificare l'esigenza umana esistente e fare sforzi per soddisfarla, e la ricchezza sarà a tua disposizione. Sì. E' corretto. È un principio divino e universale. Che le cose non stanno andando bene è di per sé un'opportunità per trovare una soluzione che darà inizio alla grandezza. In ogni problema c'è un potenziale di grandezza! Le persone grandi, le persone ricche e le società sono create soprattutto durante i periodi difficili. Quando gli altri saranno impegnati a lamentarsi loro saranno alla ricerca di soluzioni che intimamente li segneranno. I bisogni stimolano soluzioni e le soluzioni creano ricchezza! Dio è riuscito nella creazione perché ha trovato la soluzione ad una terra informe e senza forma. Trova una soluzione a quel bisogno e subito avrai successo.

Neemia non era l'unico ebreo in esilio o in casa in questo momento, ma sentì con ansia che doveva sollevarsi per trovare una soluzione per il disagio, la disgrazia e la devastazione che hanno improvvisamente raggiunto il suo popolo e la sua città. C'è sempre qualcosa nei grandi uomini e donne che non consentono loro di tacere di fronte alle sfide. Si è immediatamente commosso quando ha ricevuto la triste notizia. Pianse, digiunò e pregò. Sì, pregò! Perché stare in silenzio quando la tua vita, la tua famiglia, il tuo popolo, il tuo posto, la tua attività, la tua nazione sono in difficoltà, in rovina? Sei soddisfatto del modo in cui le cose vanno? Neemia non lo era. Fu smosso.

O' SIGNORE, Dio del Cielo

Capitolo Tre
O' SIGNORE, Dio del Cielo

Dopo che Neemia ricevette le dolorose notizie da casa, con lo shock e la tristezza che venivano con lui, digiunò e pregò Dio. Ho sempre creduto e promosso la ricerca dell'aiuto di Dio in ogni situazione e non potete biasimarmi per ciò perché sono un prodotto della preghiera e delle alleanze divine. Oggi state leggendo questo libro semplicemente per queste due cose. La preghiera e le alleanze mi hanno creato. Vero. Sono molto potenti. Posso dire di più su queste più avanti. Ma vorrei che sapeste che non raggiungerete molto nella marcia verso il vostro destino divino senza mantenere un buon rapporto e una comunicazione costante con Dio. Sì, è vero. Ho studiato attentamente i grandi uomini e donne nella bibbia e nella chiesa e questo è esattamente quello che ho scoperto. Corsero da Dio alla minima minaccia. Si recano da Lui per un aiuto nel bisogno e fuori dal bisogno. Hanno dipeso tanto da Lui per dirigere ogni passo che hanno fatto nella vita.

Gli hanno chiesto aiuto e intervento al momento della sfida. E quando non erano nei guai essi Gli offrono anche sacrificio (preghiera) di lode. Ora, vi chiedete ancora perché mi sono innamorato di uomini come Davide, Giosafat, Gesù, Paolo, Neemia, Elia, Eliseo, Samuele, Daniele, ecc? Li amo così tanto! Questi sono i miei eroi e modelli. Ho anche scritto a proposito della preghiera di Giosafat quando queste tre nazioni sono venute ad *attaccarlo, 'Preghiera di Giosafat: O' Dio Non Li Fermerai?'* Avete letto il libro? È meglio se lo fate. Sapevano sempre che non potevano ottenere nulla senza Dio. Erano uomini ordinari totalmente esauriti, dipendevano da Dio e di conseguenza fecero imprese incredibili, soprannaturali per il regno. Amo il modo in cui si parlava di Elia. Ci è stato ricordato che era un uomo comune come te e me, ma per fede ha pregato e non ci fu pioggia in Israele per tre anni e mezzo. Il Potere della Preghiera! Non voglio dire molto qui su alcuni di questi uomini. Solo fatevi un favore adesso ordinando i miei libri"***Il Potere della Preghiera di***Mezzanotte" e"***La***

Preghiera di Giosafat: "O SIGNORE, Non li Fermerai?". Sono davvero dinamite!

Neemia sapeva anche che aveva bisogno dell'intervento di Dio se qualcosa sarebbe stato salvato dalla devastata terra di Giuda. La situazione era veramente terribile - quasi irrecuperabile, senza speranza. Sapeva che senza intervento divino, il popolo e la terra di Giuda sarebbero diventati un problema dimenticato. Ricordate come è stato descritto in precedenza - erano in grande difficoltà, in disgrazia e in rovina! Adesso, non importa quanto sia sconvolta la tua vita attualmente, vedo l'intervento di Dio che sta venendo ora sulla tua via in nome di Gesù! La preghiera cambierà la peggiore delle situazioni. Il nostro Dio trasforma ceneri in bellezza. Vero. Così Neemia pregò:

"O SIGNORE, Dio del cielo, Dio grande e imponente che mantieni il patto e fai misericordia a quelli che ti amano e osservano i tuoi comandamenti, ascolta la mia preghiera! Siano i tuoi orecchi attenti, i tuoi occhi aperti per ascoltare la preghiera che il tuo servo ti rivolge adesso, giorno e notte, per i figli d'Israele. Confessando i peccati dei figli d'Israele. Perché

abbiamo peccato contro di te; abbiamo peccato io e la casa di mio padre! Abbiamo agito da malvagi contro di te, e non abbiamo osservato i comandamenti, le leggi e le prescrizioni che tu hai dato a Mosè, tuo servo.

Ricordati della parola che ordinasti al tuo servo Mosè di pronunciare: 'Se sarete infedeli, io vi disperderò fra i popoli. Ma se tornerete a me e osserverete i miei comandamenti e li metterete in pratica, anche se sarete dispersi negli estremi confini del mondo, io di là vi raccoglierò e vi ricondurrò al luogo che ho scelto per farne la dimora del mio nome.

Essi sono tuoi servi, tuo popolo; tu li hai salvati con la tua grande potenza e con la tua forte mano. O SIGNORE, concedi oggi, ti prego, successo al tuo servo. E fa' che egli trovi pietà presso quest'uomo."

Neemia 1: 5-11

Dio Mio! Hai passato in rassegna queste parole? Ora, cercheremo di estrarre una o due cose che ci aiuteranno da questa grande intercessione. Andiamo.

Dio del Cielo

Quando Neemia aprì la bocca, la prima cosa che uscì fu "O SIGNORE, Dio del cielo!" Quando tutto sulla terra, nella vita fallisce dove guardi? Il Cielo! Quando la situazione sembra molto precaria, intimidatoria e umanamente impossibile dove guardi? Il Cielo! Neemia sapeva che qualsiasi aiuto per Israele in quel momento particolare può provenire solo dal Dio del Cielo; colui che può trasformare le ceneri in bellezza. Sì, il Dio che può trasformare la vergogna, il disagio, la vergogna nella vittoria e nella gioia. Quando la terra fallisce, il cielo aiuterà!

I saggi che vogliono essere grandi e di successo devono sempre disegnare il loro potere dal cielo. Vero. Ecco dove sono tutte le risorse. Tutto quello che vedi sulla terra viene dal cielo. Penso che sia per questo che Gesù una volta disse che nessuno può ricevere nulla a meno che non sia dato a lui dall'alto. E chi è al di sopra - Dio. Il cielo è sopra la terra e tutto ciò che c'è dentro. Il cielo fornisce alla terra tutto ciò di cui ha bisogno per essere mantenuta. Anche fisicamente, se il cielo toglie la luce del sole, la luce della luna, la pioggia, l'aria, ecc, il mondo cesserà di esistere. Hai bisogno del cielo per avere successo nella vita. È il cielo che versa (benedizioni) alla terra. Quindi, se ancora vivete sulla terra e volete avere successo si deve riconoscere e dipendere da Dio. Neemia sapeva tutto ciò e così chiamò il Dio del cielo. Ora, lo farete anche voi?

Porte e finestre del Cielo

Capisci ora perché la parola di Dio ha parlato così tanto delle porte, delle finestre e dei cancelli del cielo? Se questi non sono aperti per te, dimentica. Faticherai e faticherai, ma non avrai nulla o poco da mostrare per tutti i tuoi sforzi. Questo cielo ha porte, finestre e cancelli e rilascia risorse e successi a chiunque Dio abbia favorito.

Grande e Straordinario

Neemia, come tutti gli altri eroi della fede, della preghiera e della guerra spirituale, iniziò anche la sua supplica con la lode. Amo ciò! Sì, la situazione è terribile, il messaggio è angosciante, ma Dio deve essere lodato. Non perdere mai di vista di lodarlo e adorarlo, non importa la situazione. E a volte tutto ciò di cui hai bisogno è solo quella lode e le soluzioni verranno. Dio deve essere lodato in stagione e fuori stagione. Lui se lo merita. Era lì prima delle sfide e ci sarà anche dopo. Sarà lì con noi attraverso di essa e continuerà ad essere Dio dopo di essa. Ci sono quattro cose fondamentali che devi fare per mantenere il rapporto con Dio, sconfiggere il nemico e realizzare il tuo destino divino - PREGHIERA, LODE, LA PAROLA, SANTITA'. Se li mantenete, amico mio, tu sarai per sempre un vincitore. Così Neemia si asciugò le lacrime e Lo chiamò "grande e imponente." Grazie Gesù!

Grande

Sì, il nostro Dio è grande! Ha potenza immensa ed assoluta, presenza e personalità. Ha creato tutte le cose e può anche fare tutte le cose. Nulla Lo ferma o Lo sfida. La sua capacità di manipolare e manovrare la creazione è enorme e illimitata. Dobbiamo in ogni momento apprezzare questo fatto. Quello che Dio non farà è quello che non vuole fare. Neemia in mezzo a questo guaio Lo chiamò Grande Dio!

Voglio dire che questa parola avrebbe potuto uscire solo da un uomo che aveva visto personalmente il potere di Dio in azione o a cui è stato raccontato delle Sue meravigliose opere. Sì, come israelita sono molto sicuro che questo uomo avesse tutti i vantaggi della leggendaria tradizione orale ebraica; dove religiosamente, trasmettono meticolosamente la loro storia e le loro esperienze ai loro figli e alle generazioni successive. Neemia, certamente ha ascoltato tutte le grandi opere, i miracoli e le liberazioni fatte da questo grande Dio dei suoi antenati. Avrebbe dovuto ascoltare la storia della creazione, la sua presenza con Abramo, Isacco e Giacobbe, il suo speciale favore per gli israeliti in Egitto, la divisione del Mar Rosso, la divisione del fiume Giordano, la caduta delle mura di Gerico dopo che la gente di Dio gridò, le varie sconfitte e deposizioni dei potenti re, degli eserciti e degli dèi dei pagani in viaggio verso la Terra Promessa, ecc. E lo chiamò il Nostro Grande Dio!

Imponente

Neemia disse che il nostro Dio è incredibile. Cioè, è enorme, meraviglioso; il Dio che non ha un inizio o una fine. Riempie il cielo e la terra. La parola disse che il cielo e la terra non possono contenerLo. La sua voce è come molti tuoni sopra grandi oceani. La Sua presenza scatena sempre paura, riverenza e rispetto, tutto allo stesso tempo, ma Egli è sempre amorevole e misericordioso. Dio Mio! In realtà, nessuno Lo ha completamente compreso. Tutti Ne parlano o Lo descrivono dall'angolo della rivelazione che è stata permessa a loro di avere di Lui. Vero. Hai sentito Giovanni sforzarsi tanto per cercare di descrivere Lui, il Suo trono e le Sue opere in ogni parte del Libro della Rivelazione. Ma ci è riuscito? Forse in parte. Ma vide e udì tante cose che non potè decodificare o interpretare umanamente. Ascoltatelo dalla prima tappa dell'incontro:

"Quando lo vidi, caddi ai suoi piedi come morto. Ma egli pose la sua mano destra su di me, dicendo: «Non temere! Io sono il primo e l'ultimo. Io sono il vivo che è morto. Ma ecco sono vivo per i secoli dei secoli! E tengo le chiavi della morte e dell'Ades."

Apocalisse 1:17-18

Ti adoro SIGNORE! Fantastico! Tornate indietro e leggete quello che fece cadere Giovanni. Il nostro Dio è fantastico! Infatti, in queste grandi rivelazioni, lo spirito di Dio ha dovuto accompagnare e interpretare la maggior parte delle cose mostrate a Giovanni. È veramente un Dio incredibile! Come Lo vedete voi? Come Lo vedete anche in questa vostra situazione attuale? Come Lo chiamate? La vostra rivelazione, comprensione, giusto apprezzamento di Lui determinerà in ultima analisi il vostro successo. Neemia Lo chiamò "il grande e imponente Dio!"

Egli mantiene le Sue alleanze

Capitolo Quattro

Egli mantiene le Sue alleanze

"...Che mantieni il patto e fai misericordia a quelli che ti amano e osservano i tuoi comandamenti," Neemia 1:5b

Successo; il buono, vero successo è una funzione delle alleanze. Se concordi con le nostre asserzioni nel capitolo precedente che tutto ciò che avremo sulla terra dipenderà da ciò che il cielo sopra ci fornisce, allora dobbiamo sempre fare tutto ciò che è all'interno dei nostri poteri per soddisfare il cielo. E questo si fa obbedendo a Dio e mantenendo le Sue parole (alleanze). Vero. Il successo divino deriva dall'osservanza delle leggi divine. Sì, il vero successo viene solo da Dio. Mentre stavo annotando queste parole, uno dei miei amici proveniente da una famiglia molto nota stava incoraggiando la gente ad adorare uno spirito demoniaco; dicendo loro che è lo spirito che darà loro ricchezza e buona fortuna. Immaginate ciò? Ero furioso nello spirito. L'ho corretto immediatamente dicendogli che si sbagliava assai e che le vere ricchezze e le benedizioni vengono solo da Dio, creatore del cielo e della terra. Sì! È così!

Ora, capisco da dove veniva. Alcune di queste persone molto ricche in realtà servivano Satana per ottenere ciò che chiamano 'ricchezze' e tristemente, i loro figli sono ora bloccati; credono che sia il modo per farlo. Questo è sbagliato. Tutto ciò che ottieni da Satana o attraverso l'occultismo, la corruzione, ecc., Non è vero, reale e non ha valore eterno. Alcuni si sono inchinati ai demoni per acquisire ciò che hanno oggi. Ma guardate ciò che Gesù disse a Satana quando dopo venne a tentarlo nel deserto. Satana Gli disse di inchinarsi e di adorarlo ed egli darà a Gesù tutte le ricchezze e la gloria del mondo. Ma che cosa fece il SIGNORE? Egli rimproverò immediatamente il Diavolo: "Esci da qui, Satana", gli disse Gesù. «Perché le Scritture dicono, dovete adorare il Signore Dio tuo; servire solo lui."

Quindi, in realtà, ci sono le ricchezze e la gloria del mondo da parte di Satana che portano alla schiavitù fisica e spirituale, al dolore, alla tristezza, alla morte e alla distruzione eterna, e ci sono anche le vere ricchezze che provengono da Dio, il creatore del cielo e della terra; il proprietario di tutte le ricchezze e della gloria. Quando ottenete qualcosa da Satana, vi preparate per il dolore qui e nell'eternità; perché egli non ha veramente un regalo gratuito. Egli usa quelle cose effimere mondane per essere sicuro che vi leghiate per unirvi a lui nell'inferno. È condannato e sta facendo tutti gli sforzi per prendersi le persone. Ascoltate, Satana è pronto a darvi tutta la "gloria" di questo mondo solo in cambio della vostra anima. La vostra anima è molto importante per lui. Vero. Vi prego, prendete i miei due libri "*Rompere le Maledizioni Generazionali: Rivendicare la Tua Libertà*" e "*Il Potere della Preghiera di Mezzanotte*" per saperne di più su questo. Scusate il divagare. Torniamo alla nostra discussione principale - un Successo inconsueto.

Alleanze di Successo

Dio non aveva nascosto le sue intenzioni affinchè l'uomo potesse avere successo sulla terra. Ricordate sin dall'inizio che aveva ordinato loro di andare a moltiplicarsi, ricostituire e sottomettere la terra, raggiungere l'obiettivo divino e prendere il controllo totale. Ecco esattamente che cosa il successo è. Ad Adamo e Eva fu dato il materiale, la capacità e l'autorità di raggiungere tutte queste cose, ma hanno scelto di fallire. Sì, il successo è il risultato delle scelte fatte nella vita o attraverso un progetto. Questa prima coppia scelse di fallire. E cosa li ha buttati giù? Hanno disobbedito a Dio!

Questa singolare disattenzione al piano e agli ordini di Dio ha portato molte conseguenze spiacevoli all'uomo e all'intera creazione. Tutta la creazione è stata danneggiata dal peccato e dalle difficoltà, dal fallimento, dalla siccità, dalla disperazione, dalla fatica, dalla malattia e dalla morte. In origine, l'uomo e l'intera creazione sono stati resi buoni, perfetti e eccellenti. Infatti, l'uomo non doveva soffrire, ammalarsi o morire. Ma la caduta ha portato tutto questo. Il successo perfetto della creazione è stato interrotto.

Piano B

Ora, Dio aveva un piano B e quello era di riscattare l'uomo da quelle conseguenze negative della caduta di cui il fallimento fa parte. Proprio nell'Eden ha pianificato di redimere l'uomo. Sì, è per questo che la parola di Dio ha detto che Gesù è un agnello che è stato ucciso anche prima della fondazione del mondo. Pensate che qualcosa, una situazione o il Diavolo avrebbe potuto cogliere Dio di sorpresa? Impossibile! Dio sapeva cosa sarebbe successo prima ancora che fosse accaduto e ha adeguatamente provveduto in modo perfetto. Ma non possiamo parlare di tutto ciò qui. Vi prego, cerchiamo di mantenere il nostro obiettivo principale - come avere successo.

Introduciamo Abramo

La mossa per riportare pienamente l'uomo al suo stato di successo originale fu effettivamente messo in atto dall'incontro e nelle alleanze che Abramo aveva con Dio nel libro della Genesi.

Quando Dio lo ha chiamato, ha reso abbondantemente chiaro che avrebbe fatto trionfare Abramo. Sentite qua:

"Il SIGNORE disse ad Abramo, «Va' via dal tuo paese, dai tuoi parenti e dalla casa di tuo padre, e va' nelpaese che io ti mostrerò. Io farò di te una grande nazione. <u>Ti benedirò e renderò grande il tuo nome e tu sarai fonte di benedizione.</u> Benedirò quelli che ti benediranno e maledirò chi ti maledirà. E in te saranno benedette tutte le famiglie della terra."

Genesi 12:1-3

Wow! Eccolo! Successo! Sì, questo livello di svolta può provenire solo da un patto. Qui, cercheremo di esaminare questa dichiarazione in breve. In primo luogo, Abramo era una persona relativamente sconosciuta che non aveva cose. Era in un pasticcio. Aveva appena perso il fratello e il padre che lo stava portando lui, sua moglie e suo nipote a Canaan in cerca di un «pascolo più verde» morirono anche in viaggio. Nel frattempo, il matrimonio di Abramo non aveva prodotto alcun figlio. Quindi, niente era per lui.

Ora, in questa situazione, Dio è apparso improvvisamente e gli ha detto di passare immediatamente dove gli avrebbe indicato. Dio cominciò anche a dargli quello che definisco come alcune delle più grandi benedizioni promesse all'uomo. Ma questa promessa di alleanza aveva una condizione primaria ad essa collegata - l'obbedienza. Deve lasciare il posto in cui era stato e trasferirsi dove Dio lo vuole. Ci torneremo quando parleremo della nostra parte in queste alleanze. Ma, prendiamo gli altri.

Padre di una Grande Nazione

Dio disse a Abramo che lo avrebbe fatto padre di una grande nazione. Avete letto questo? Questa è la stessa persona che a quel tempo non avrebbe avuto alcun figlio. Ora, quanto sarà possibile padre una nazione senza produrre il primo figlio? Cioè Dio è per voi. Egli vede, parla e si prepara oltre le circostanze immediate. Sì, Abramo non avrebbe avuto nessun figlio, ma Dio aveva creato piani adeguati per la venuta del bambino e stava vedendo non solo i figli di Abramo, ma moltitudini, innumerevoli discendenti dell'uomo che sarebbe diventato una grande nazione. Dove vedete la timidezza, l'improduttività, Dio vede gran raccolto e successo! Dove stai vedendo la siccità, Dio vede abbondanza di pioggia in arrivo. Questo è il potere del patto divino.

Vi Benedirò

Ha anche detto ad Abramo che lo avrebbe benedetto. Benedire significa semplicemente favorire, approvare, esaltare, promuovere. Dio disse che avrebbe favorito Abramo. Cioè che avrebbe supportato divinamente, in modo soprannaturale Abramo. Quando Dio vi benedice o vi favorisce tutta la Sua creazione farà la stessa cosa. Dove gli altri vanno e falliscono, tu andrai e riuscirai. Dove vanno e muoiono, tu sarai lì e sarai rafforzato. Quando gli altri dicono che c'è una caduta, tu dirai che c'è un sollevamento. Quando gli altri gridano la carestia, la mancanza, tu griderai raccolto, abbondanza! Questa è la funzione delle benedizioni divine e del favore. Le cose vi risponderanno in modo soprannaturale - contro le aspettative e le procedure umane. Dio disse ad Abramo: "Ti benedirò."

Ti Renderò Famoso

Disse ad Abramo che lo avrebbe reso famoso. Essere famosi significa essere celebrati, essere illustri e ben noti. Non si tratta di mostrare, soffiare la tromba o gettare il tuo peso ovunque. No! Dio sta dicendo che come questo uomo finora sconosciuto camminerà obbedendo a Lui, farà vedere al mondo che è stato benedetto e favorito da Dio. Le persone intorno cominceranno a vedere la grazia, la mano, la gloria e il potere di Dio su e intorno ad Abramo e non avranno altra scelta che celebrarlo. Per capirlo meglio, guarda cosa è successo a re Salomone. Re, regine e capi di nazioni lontane ascoltarono ciò che Dio fece per lui e si lanciarono per venire a vedere da sè. Ci arriveremo in seguito. Questo patto farà sì che Abramo e gli altri Lo troveranno famoso!

Vi renderò una benedizione

Ora, questa parte è molto importante. Non siete ancora benedetti finché non diventate una benedizione verso gli altri. Vero. Molte persone pensano che l'accumulo di ricchezza e di posizioni materiali le rende benedette. Impossibile! La ricchezza materiale o le posizioni che non sono adeguatamente utilizzate in modo commensurabile, impiegate per benedire gli altri non sono un vero successo e si trasformano automaticamente nella mano del possessore. Può persino trasformarsi in una terribile maledizione. Tu sei solo custode di tutto ciò che acquisisci in questa vita e Dio ha permesso loro di venire da te in modo da poter essere un canale di distribuzione agli altri e per il Suo lavoro. Se in qualsiasi momento si perde di vista questo, allora sei finito. Non abbiamo davvero niente in questa vita e per questo veniamo nudi e andiamo nudi. Abramo, sarà in definitiva benedetto, ma deve anche sapere che è stato benedetto per benedire gli altri.

Io Benedirò Coloro Che Vi Benediranno

L'istituito Dio che benedice attraverso questo patto non sarà solo generazione, ma contagioso e*auto-reciproco.*

Cioè, parteciperanno i vostri figli e i vostri discendenti. Coloro che vivono, associano o vengono a contatto con voi saranno infettati da esso, e coloro che amano, aiutano e benedicono saranno benedetti. Wow! Madre di tutte le benedizioni! Questo è il motivo per cui ogni persona saggia si sforza di benedire un uomo che Dio ha benedetto. Ma gli stupidi non capiscono questo. Sì, uno dei modi più brevi per avere grandezza e liberazione è quello di benedire un uomo/una donna che Dio ha benedetto. E la base/segreto si trova proprio qui. Dio ha detto che coloro che benedicono Abramo (i suoi figli, discendenti, Israele e voi) saranno benedetti. E coloro che stupidamente maledicono, disonorano, maltrattano, lavorano contro di loro saranno ricompensati reciprocamente. Ecco la Sua parola!

Ora, dopo che Dio fece queste affermazioni, Abramo obbedì e l'alleanza iniziò a compiersi immediatamente. Ovunque andasse, tutto quello che toccava divenne successo. Anche la parte protettiva parlò. Guardate quando andò in Egitto con Sarah. Il re egiziano prese Sarah e immediatamente Dio inviò una peste terribile alla sua famiglia tanto che egli pregò praticamente Abramo di riprendersi la moglie e lasciare il loro paese.

Le alleanze attirano il successo, il favore, la protezione, ecc. Abramo divenne molto ricco, famoso e potente in virtù di questa divina alleanza. Sconfisse i suoi nemici. La semplicità nella sua famiglia fu interrotta. Ebbe figli e poi morì alla bella età di 175 anni. Infatti, la parola di Dio disse,

"Abramo era molto ricco di bestiame, d'argento e d'oro."
Genesi 13:2

Queste sono le cose che misurate e conservate la ricchezza in quei giorni e Abramo ne aveva in abbondanza. A un certo punto il terreno a pascolo non potè ricevere le sue greggi che si moltiplicarono in modo soprannaturale. Le alleanze parlano e sono molto potenti! Iniziano e istituzionalizzano il successo quando vengono attentamente seguite. Ora, questa alleanza di benedizione come abbiamo detto è generazionale. Non sarebbe stato solo per Abramo, ma per i suoi figli, discendenti, israeliti e tutto ciò che si identificherà con il Dio di Abramo per fede. Ecco perché le benedizioni continuarono e sono ancora attive oggi. Ascoltate questo,

"... e Dio gli parlò, dicendo "Quanto a me, ecco il patto che faccio con te: tu diventerai padre di una moltitudine di nazioni! Inoltre, sto cambiando il tuo nome. Non sarà più Abramo; ora sarete conosciuti come Abramo, poiché tu sarai padre di molte nazioni. Ti farò moltiplicare grandemente, ti darò milioni di discendenti che rappresenteranno molte nazioni. E da te usciranno dei re!

<u>Stabilirò il mio patto fra me e te e i tuoi discendenti dopo di te, di generazione in generazione. Stabilirò il mio patto fra me e te e i tuoi discendenti dopo di te. Sarà un patto eterno per il quale io sarò il Dio tuo e della tua discendenza dopo di te. A te e alla tua discendenza dopo di te darò il paese dove abiti come straniero: tutto il paese di Canaan, in possesso perenne. E sarò loro Dio."</u>

Genesi 17:3-8

Questo è tutto! Questa bella alleanza ci investe, investe i nostri figli e tutti coloro che metteranno la loro fede nel Dio di Abramo, nostro Dio. È per il seme di Abramo per nascita e per fede! Per noi!

Isacco

Ora, guardate l'immediata prole di Abramo. L'alleanza del successo continuò a compiersi su di lui anche quando suo padre non c'era più. In realtà, migliorò progressivamente su di lui. Meglio. Sì, la bibbia disse che Abramo fu riccamente benedetto, ma arrivando al figlio Isacco, dicesse che fu **riversato** su di lui. Cioè, piovve molto su di lui. Guardate qui:

"Dopo la morte d'Abraamo, Dio benedisse suo figlio Isacco; e Isacco abitò presso il pozzo di Lacai-Roi. "
Genesi 25:11

Avete sentito? Le benedizioni erano piovute, su Isacco! Persino, quando ci fu la siccità in tutto il paese, Isacco piantò lo stesso anno e raccolse cento volte! L'alleanza ti fa raccogliere anche nelle stagioni di siccità. Vero. Quando gli altri piangono, voi sarete felici. Le alleanze divine non rispettano le stagioni. Sono sempre desiderose di eseguire quanto programmato in qualsiasi momento. Loro sono fuori *stagione*! Quando gli altri perdono, voi guadagnerete. Di nuovo guardiamo al modo in cui la bibbia ha parlato ulteriormente dell'esperienza di Isacco:

"**Isacco seminò in quel paese, e in quell'anno raccolse il centuplo! E il SIGNORE lo benedisse. <u>Quest'uomo divenne grande, andò crescendo sempre più, finché diventò ricchissimo.</u> Fu padrone di greggi di pecore, di mandrie di buoi e di numerosa servitù. I Filistei lo invidiavano,"**

Genesi 26:12-14

La vostra ricchezza, il successo continuerà a crescere nel nome di Gesù! Quando siete favoriti dal cielo, non avrete altra scelta che continuare a crescere. La consacrazione dell'espansione vi assedierà immediatamente. Ciò era un vero versamento su Isacco! Una volta che è messo in moto in senso divino, non c'è niente che nessuno possa fare a riguardo. Continuerà a crescere. Un uomo cristiano molto ricco mi confidò che non poteva spiegare come la sua attività cresceva, che tutta la cosa è totalmente fuori controllo. Cioè, l'espansione è fenomenale. Wow! Il vero successo deriva da Dio!

Anche quando re Abimelec e il suo popolo filisteo dopo aver perseguitato Isacco, ancora riconoscevano che la mano di Dio era con lui. Infatti, vennero a stipulare un accordo con Isacco a causa delle benedizioni divine (favore) che videro su di lui. Il mondo vedrà e riconoscerà il favore di Dio su di voi! Arriveranno da tutte le parti della terra per vedere ciò che l'Eterno ha fatto nella vostra vita. Le benedizioni hanno dei gradi. Ascoltate questo:

"Un giorno Isacco ebbe un visitatore da Gerar. Re Abimelec andò da lui con Auzat, suo amico, e con Picol, capo del suo esercito. "Perché venite da me?" Isacco chiese loro. "Visto che mi odiate e mi avete mandato via dal vostro paese?"

Quelli risposero, "Noi abbiamo chiaramente visto che il SIGNORE è con te. E abbiamo detto: "Si faccia ora un giuramento tra di noi", cioè fra te e noi, e facciamo un'alleanza con te. Swear that you will not harm us, just as we did not harm you. E non ti abbiamo fatto altro che del bene, e t'abbiamo lasciato andare in pace. Tu sei ora benedetto dal SIGNORE!"

Genesi 26:26-29

Wow! Dio può benedirvi così che anche i vostri nemici e avversari saranno costretti a sottomettersi a voi o a cercare il vostro favore. Questo ragazzo fu infatti benedetto. Vedete quello che abbiamo detto. Il successo divino è un successo completo. Arriva con ricchezza, gloria, grazia, pace, favore e protezione.

Poichè, capisco questi principi, prego sempre che i miei figli saranno migliori e più potenti di me. Va da una generazione all'altra. Quando poso le mani sui miei figli, chiedo sempre a Dio di renderli più grandi di me. Questo è il modo in cui funziona. Sì, come fu con Abramo e Isacco, così fu anche con Giacobbe. Questi sono i progenitori di quel patto di successo. Dio dice che sarà sempre conosciuto, per sempre come quel Dio di Abramo, Isacco e Giacobbe. Questo significa semplicemente, il Dio che non può rompere le promesse del suo patto. Andiamo avanti, vi prego.

Giacobbe

Allora, guardate il successivo erede di quel patto - Giacobbe. Anche se non fu buono come suo padre e nonno, tuttavia l'alleanza si rifiutò di lasciarlo. Ingannò suo fratello, scappò via da casa, ma la mano divina lo perseguitò finché non si compì. Ricordate quando Dio lo incontrò mentre scappava a Haran, arrivò in un posto che in seguito chiamò Betel, angosciato e esausto, cercò di dormire e Dio gli parlò:

"..."**Io sono il SIGNORE, il Dio d'Abramo tuo padre e il Dio d'Isacco... <u>Ecco io sono con te e ti proteggerò dovunque tu andrai; poi ti farò ritornare in questo</u>**

paese, perché non ti abbandonerò senza aver fatto tutto quello che t'ho detto."

Genesi 28:13-15

Sì, non importa dove siete, non importa la situazione che state attraversando, l'alleanza vi seguirà. Si attacca. Giacobbe stava fuggendo per la sua sopravvivenza, ma Dio aveva qualcosa di più grande per lui e ciò fu incorporato nel suo *DNA*. Non era troppo sicuro di ciò fino a quel punto a causa della situazione e dell'incertezza del suo futuro, ma Geova che non dimentica nè delude, è venuto a dichiarare l'accordo con cui ed Egli aderì con suo nonno e il padre era ancora vivo! Sì, è vivo ed esso si compirà! La parola di Dio sulla vostra vita sarà sicuramente compiuta!

La mano divina lo portò a trovare Labano. Troverete quello che cercate! Gli ha fatto avere successo là. Sposò la figlia dell'uomo e fu impiegato per lavorare per suo suocero. Dio fece prosperare Labano grazie alla presenza di Giacobbe. Infatti, l'uomo confessò ciò apertamente quando Giacobbe gli disse che stava andando via. Ascoltate Labano,

"Non lasciarmi, rispose Labano, "giacché credo di indovinare che il SIGNORE mi ha benedetto per amor tuo"
Genesi 30:27

Giacobbe non fu il solo ad essere benedetto, ma la sua presenza ha attratto anche benedizioni e moltiplicazioni divine nel suo ambiente. La presenza di un uomo benedetto fa proprio questo. Anche i suoi saluti, pensieri e preghiere fanno lo stesso. Ecco perché devi assicurarti di trattarlo/a bene. Vero. Se lo benedite, sarete benedetti. Se lo maledite, sarete sicuramente maledetti. Dovete solo benedirlo nel pensiero, nelle parole e nelle azioni ogni volta.

Giacobbe fu benedetto in ogni zona. Anche quando Labano e i suoi figli diventarono gelosi, arrabbiati e scortesi, manipolativi e privati, non cambiò nulla. Dio continuò a benedirlo. Quanto più è stato perseguitato, tanto più è cresciuto! Dio Mio! Questo Dio non può mai cambiare! Guardate la conclusione:

"Quest'uomo diventò ricchissimo, ed ebbe greggi numerose, serve, servi, cammelli e asini."
Genesi 30:43

Ora, ascoltatelo direttamente:

"… Quando passai questo Giordano avevo solo il mio bastone, e ora ho due schiere.
Genesi 32:10

Gloria a Dio! Questo è tutto! Dal nulla alla grandezza! Tornò alla terra di suo padre con la sua famiglia in greggi. Questa fu la persona che scappava solo per la sua vita, traumatizzata, depressa, umiliata, affamata, ecc. Ora, sta tornando con successo in tutto. È solo l'alleanza di Dio che può compiersi così.

Questo accordo divino vale anche per noi oggi. Questo patto ci copre. Dio disse che sarà per i discendenti di Abramo per sempre! E la parola di Dio ha reso molto chiaro che siamo suoi figli per fede. Così, tutte le benedizioni di Abramo sono le nostre. Sono vostre! Gloria a Dio! Se attingete da esso, avrete molto successo pure come Abramo, Isacco e Giacobbe. Ma sono necessarie la nostra fede e l'obbedienza per attivarla. Sì, la fede e l'obbedienza vanno insieme per raggiungere il successo.

Obbedienza

Abramo divenne vincente; ha ricevuto tutte le promesse e le prestazioni perché ha obbedito prontamente, genuinamente a Dio. Quando gli fu detto di lasciare la casa, il luogo e la gente di suo padre, senza alcuna argomentazione o razionalizzazione, semplicemente obbedì. Quando gli fu chiesto di sacrificare il suo unico figlio, senza interrogarsi, obbedì. Era esaurito a Dio ed Egli lo rese molto trionfante. Infatti, quando obbedì per 'sacrificare' suo figlio Dio fu immediatamente mosso nel giurare a lui. Sì, l'obbedienza totale può muovere Dio per fare uno sforzo in più per portare la Sua parola sulla vostra vita in modo che vada avanti. L'obbedienza è la chiave. Vedete che cosa è successo a Moria dopo quell'obbedienza storica:

"L'angelo del SIGNORE chiamò dal cielo Abramo una seconda volta, e disse: Io giuro per me stesso, dice il SIGNORE, che, siccome tu hai fatto questo e non mi hai rifiutato tuo figlio, l'unico tuo, io ti colmerò di benedizioni. Moltiplicherò la tua discendenza come le stelle del cielo e come la sabbia che è sul lido del mare. E la tua discendenza s'impadronirà delle città dei suoi nemici. Tutte le nazioni della terra saranno benedette nella tua discendenza, perché tu hai ubbidito alla mia voce.»

Genesi 22:15-18

Il potere dell'obbedienza! Non avete notato nulla? La promessa dell'alleanza si espanse e divenne anche più elaborata. Nella versione iniziale di Genesi 12 non c'erano giuramenti, nessun giuramento, nessuna conquista di nemici, né stelle né mare. Tutti questi sono stati infusi per "lucidare" la promessa per l'obbedienza di Abramo. La nostra totale obbedienza rafforza, consolida, illumina, rende dolce e, talvolta, espande e accetta le promesse di Dio sulla nostra vita. Maggiore è la vostra obbedienza, maggiore è il vostro successo. Anche Isacco e Giacobbe vissero nell'obbedienza.

Quando ci fu la fame e Dio avvertì Isacco a non scendere in Egitto, ma rimanere a Gerar, egli obbedì. E nello stesso anno, nella stessa terra piantò e coltivò cento parti. L'obbedienza è la chiave del nostro successo. Poi, Giacobbe dopo quell'incontro divino a Bethel è diventò molto spirituale e obbediente. Cominciò a sentire la parola di Dio. Cominciò a prendere Dio in considerazione. Sì, doveva farlo. Ricordate quella dichiarazione epocale dopo aver ricevuto quelle grandi rivelazioni e divine certezze a Bethel:

"Giacobbe fece un voto, dicendo: «Se Dio è con me, se mi protegge durante questo viaggio che sto facendo, se mi dà pane da mangiare e vesti da coprirmi, e se ritorno sano e salvo alla casa di mio padre, il SIGNORE sarà il mio Dio. E questa pietra, che ho

eretta come monumento, sarà la casa di Dio; di tutto quello che tu mi darai, io certamente ti darò la decima."

Genesi 28:20-22

Avete visto? Il ragazzo è stato effettivamente trasformato da quel potente incontro di una notte. Grazie a Dio! Ora era pronto a sottomettersi a Lui. Era pronto a lasciare la saggezza umana, la manipolazione e l'imbroglio. Dobbiamo tornare all'obbedienza totale alla parola di Dio e guidare se vogliamo avere successo. Dobbiamo scoprire ciò che tutta la bibbia ci dice di fare. Cosa dice la bibbia sulla santità? A proposito del dare? Della decima? Sull'aiutare gli altri? Sull'investire nelle cose di Dio? Dobbiamo scoprire tutto questo e obbedire. Questi sono dove il nostro successo sta. Quando si dà, si riceve. Quando pagate la decima, le finestre del cielo sono aperte per voi e i divoratori sono rimproverati per vostro nome. Questa è la Parola di Dio!

Il Frutto dell'Obbedienza

Quando obbedite a Dio, comincate subito a raccogliere il frutto. Guardate cosa è successo quando Gesù usò la barca da pesca di Simone per predicare. Dopo il messaggio, il SIGNORE chiese a Simone di lanciarsi negli abissi. Gli uomini che non hanno fatto alcun battito per tutta la notte e stavano lavando le reti per tornare a casa avevano un sacco di scuse per dare a Gesù. Ma grazie a Dio, hanno finalmente obbedito e il risultato è stato fantastico! Nell'obbedire al Maestro, ebbe una rottura delle reti data dalla pesca che riempì le due imbarcazioni ed ebbe bisogno dell'aiuto di emergenza di altri per sgombrare. L'obbedienza porta a una "rottura di reti" netta. Inverte una notte di fatica in un'alba di straordinaria pesca.

Tornando a Neemia, egli conosceva il potere delle disposizioni del patto di Dio e decise di invocarle qui. Disse che Dio mantiene la sua alleanza di amore incessante con coloro che lo amano e obbediscono ai suoi comandi. È così!

Ascolta la mia Preghiera

Capitolo Cinque

Ascolta la mia Preghiera

Neemia, dopo aver invocato l'alleanza di Dio, Lo supplicò di ascoltare le sue preghiere. Sì, non possiamo fare senza preghiera, se vogliamo veramente riuscire. La preghiera qui è semplicemente chiedere a Dio di aiutarvi. E sapete già che il salmista ha detto che se Dio non costruisce una città che i costruttori lavoreranno invano. E' vero. Se Dio non vi aiuta, allora, tutti i vostri sforzi verso il successo e la scoperta saranno sicuramente inutili. La parola di Dio rende molto chiara quella promozione, le porte aperte, la grazia viene solo da Lui. Quindi, dobbiamo sempre fidarci di aprire e sostenere quelle porte di benedizione per noi e questo è ciò che la preghiera rappresenta.La preghiera fa quello che non potete fare. Stimola, migliora, fertilizza e corona i vostri sforzi.

Neemia sapeva tutto ciò. Sapeva che aveva bisogno della mano e dell'aiuto di Dio in quel progetto e finse. Sapeva che senza Dio la missione sarebbe impossibile. Ascoltatelo:

"Ascolta la mia Preghiera! Siano i tuoi orecchi attenti, i tuoi occhi aperti per ascoltare la preghiera che il tuo

servo ti rivolge adesso, giorno e notte, per i figli d'Israele. Perché abbiamo peccato contro di te. Abbiamo peccato io e la casa di mio padre... Ricordati della parola che ordinasti al tuo servo Mosè di pronunciare: 'Se sarete infedeli, io vi disperderò fra i popoli. Ma se tornerete a me e osserverete i miei comandamenti e li metterete in pratica, anche se sarete dispersi negli estremi confini del mondo, io di là vi raccoglierò e vi ricondurrò al luogo che ho scelto per farne la dimora del mio nome."

Neemia 1:6-9

Non importa quanto sia brutta la situazione, la preghiera la riscatterà. Guardate come questo ragazzo prese del tempo per ricordare a Dio le Sue promesse. Vedete questa pratica comune tra i grandi uomini di Dio nella bibbia? Prendono il loro tempo per risolvere le cose con Dio. Questo è molto istruttivo. Quando trascorriamo più tempo nella preghiera, ogni piccolo sforzo che facciamo darà massimo risultato. Questo è ciò di cui la maggior parte delle persone non si rende conto. Più tempo trascorrete davanti a Dio, meno sforzi metterete per ottenere la massima produttività desiderata.

Avete pregato per quel progetto? Avete chiesto a Dio le Sue benedizioni? Avete sfondato nello spirito? Ricorda che abbiamo precedentemente stabilito che lo spirito controlla il fisico. Tutto ciò che si ottiene nel fisico deve prima essere dato in spirito. È necessario riuscire nello spirito per avere successo nel fisico. Vero! Neemia pregò, digiunò, pianse, pianse e discusse con Dio. Scelse le promesse di Dio e Gli fornì le ragioni per le quali deve sostenere il progetto - **'Operazione Ricostruire Gerusalemme'**. Ogni progetto vinto in ginocchio diventa automaticamente un successo.

Ora, prima di andare avanti ci sono cose che devo qui sottolineare. Neemia cominciò a pregare proprio sin dal concepimento del progetto. Non aspettò di iniziare ad affrontare le difficoltà prima di correre da Dio. No! Pregò all'inizio e durante le varie fasi del progetto. Continuò a pregare finché il lavoro fu fatto. Non si fermò. Anche quando stava citando il progetto davanti al re, era nell'animo della preghiera. Vero. Ascoltate soltanto ciò:

"Nel mese di Nisan, il ventesimo anno del re Artaserse, il vino stava davanti al re; io lo presi e glielo versai. Io

non ero mai stato triste in sua presenza. Il re mi disse: "Perché hai l'aspetto triste? Eppure non sei malato? Non può essere altro che per una preoccupazione."

Allora fui colto da grande paura, e dissi al re: "Viva il re per sempre! Come potrei non essere triste? Quando la città dove sono le tombe dei miei padri è distrutta e le sue porte sono consumate dal fuoco."

E il re mi disse: "Che cosa domandi?" <u>Allora io pregai il Dio del cielo, poi risposi al re: "Se ti sembra giusto e il tuo servo ha incontrato il tuo favore, mandami in Giudea, nella città dove sono le tombe dei miei padri, perché io la ricostruisca."</u>

Neemia 2:1-5

Riuscite a battere quest'uomo? Alcuni uomini sono veramente grandi! Infatti, egli respirò preghiera per tutta la missione. Non c'è da stupirsi che abbia avuto successo. Guardatelo, "Con una preghiera al Dio del cielo, ho risposto." Questo è ciò che io chiamo preghiera di respirazione. Non proferì risposta, non fece un passo senza pregare. Non è che si fa rumore e costituisce un fastidio. No! Ma nel vostro cuore, nel vostro spirito vi connettete a Lui. Questo è anche ciò che vivere/camminare nello spirito significa - costantemente connettersi al Dio del cielo. Neemia era costantemente in preghiera affinchè Dio benedisse il suo progetto. Ci sono momenti per parlottare, sussurrare, gemere, esalare, parlare, urlare e ripetere la preghiera. L'ambiente, la situazione e l'atmosfera spirituale decideranno. Ma soprattutto rimanete connessi. La preghiera porta il successo!

Non c'è nessuno nella bibbia che sia riuscito senza pregare e dipendere da Dio. Vero. Vi prego, non voglio pretendere di discutere di tutto ciò, ma vogliamo citarne alcuni che si riferiscono alla nostra discussione. Andiamo:

Gesù

Guardate il nostro SIGNORE Gesù Cristo. Egli è riuscito perfettamente a rientrare nella sua missione attraverso la preghiera. Pregò tutto il tempo. Infatti, ho scoperto che Egli si ritirava sempre in montagna per pregare, specialmente di notte. Pregò ogni giorno per il successo del suo ministero e della sua missione. Pregò tutta la notte per servire efficacemente il giorno. Basta che abbiate i miei libri *Il Potere della Preghiera di Mezzanotte e La Preghiera di Giosafat.* Essi immediatamente scateneranno lo spirito di preghiera su di voi. Grandi uomini e donne emettono preghiera.

Il servo di Abramo

Riesco a vedere un esempio perfetto di ciò che stiamo cercando di spiegare qui. Ricordate quando Abramo mandò il suo servo ad andare a prendere una moglie per Isacco dal suo popolo. Quel particolare compito non sembrava facile e doveva essere fatto in un paese molto lontano. Il compito fu dato e preso e peggio sotto un giuramento. La missione deve essere compiuta! Deve uscire con successo!

Grazie a Dio che il servo sapeva del Dio di Abramo e del potere della preghiera. Quello che sapete e applicherete farà sempre la differenza al momento delle sfide. Quando raggiunse il villaggio dove fu mandato, prima di qualsiasi altra cosa, decise di pregare. Sapeva che solo Dio poteva fargli raggiungere la sua missione. Uomo saggio! Ascoltatelo:

«O SIGNORE, Dio del mio signore Abraamo, pregò. <u>Fammi fare quest'oggi un felice incontro; usa bontà verso Abraamo. Aiutami a realizzare lo scopo del mio viaggio.</u> Ecco, io sto qui presso questa sorgente; e le figlie degli abitanti della città usciranno ad attingere acqua. Questa è la mia richiesta. Chiederò a una di loro di poter bere. Se dice, "sì, certamente, e darò da bere anche ai tuoi cammelli" - sia quella che tu hai destinata al tuo servo Isacco. Da questo comprenderò che tu hai usato bontà verso il mio signore."

<u>Mentre stava ancora pregando, una giovane donna chiamata Rebecca arrivò con una brocca d'acqua sulla spalla.</u> Suo padre era Bethuel, figlio del fratello di Abramo, Nahor e sua moglie Milcah. Ora Rebecca era molto bella, ed era vergine; nessun uomo l'aveva mai conosciuta. Lei scese alla sorgente, riempì la brocca e risalì. Il servo le corse incontro e le disse: «Ti prego, fammi bere un po' d'acqua della tua brocca.»

«Bevi, mio signore»; e s'affrettò a calare la brocca sulla mano e gli diede da bere. Quand'ebbe finito di dargli da bere, disse: «Io ne attingerò anche per i tuoi cammelli finché abbiano bevuto a sufficienza!" E

presto vuotò la sua brocca nell'abbeveratoio, corse di nuovo al pozzo ad attingere acqua e ne attinse per tutti i cammelli di lui...

Ma egli rispose loro: «Non mi trattenete. <u>Il SIGNORE ha dato successo al mio</u> viaggio;**lasciatemi partire, perché io me ne torni dal mio signore.»**

Genesi 24:12-20, 56

Un progetto riuscito! Questa è veramente una*missione compiuta!* Dio risponde veramente alle preghiere. È così che ogni visione è nata e nutrita con la preghiera finisce. Ascoltate la dichiarazione di questa serva: "Il SIGNORE ha fatto della mia missione un successo." Adoro ciò. Sarà anche questa la testimonianza che vi tuffate con Dio in quel progetto nel potente nome di Gesù! La preghiera coordina tutti i nostri altri sforzi e li riunisce per raggiungere i nostri obiettivi prefissati. La preghiera esalta ciò che possiamo fare e fa anche quello che non possiamo fare.

L'uomo più ricco e più saggio mai vissuto - Salomone era un uomo di preghiera. L'uomo più potente - Sansone era un uomo di preghiera e anche il re più potente e preferito di Israele - Davide era anche un uomo di preghiera. Avevamo precedentemente menzionato Gesù che anche attraverso la preghiera divenne il più grande essere in tutto l'universo. Mostratemi qualsiasi vero uomo/vera donna di successo e vi mostrerò uno che non dimentica mai di pregare. Ora, questo significa semplicemente che se volete avere successo in qualsiasi area della vostra vita dovete sempre pregare.

Salomone

Salomone sarà per sempre l'uomo più ricco che camminerà mai su questa terra. Questo è ciò che Dio ha detto. E fu la sua interazione con Dio che ne derivò. Dopo aver compiuto quel sacrificio monumentale a Gebeone, Dio non poteva aspettare, ma si precipitò da lui quella stessa notte e iniziò l'interazione che avrebbe cambiato la vita di Salomone per sempre. Questo è certo uno dei più alti livelli di preghiera che si trova nella bibbia. Sì, le attività divine nel sogno (nello spirito) sono più alte di quelle a piena coscienza perché nello spirito si è cento per cento utilizzati per ottenere il massimo dal potere nel controllo. La preghiera a questo livello è spesso più alta e più potente che in piena coscienza. Di solito viene iniziata, istigata, diretta e controllata dallo Spirito Santo. Basta leggere l'esperienza di Salomone:

<u>Quella notte Dio apparve a Salomone, e gli disse, "Cosa vuoi? Chiedimi ciò che vuoi che io ti dia!"</u> **Salomone rispose a Dio: «Tu hai trattato con grande benevolenza Davide, mio padre, e mi hai fatto regnare al suo posto. Ora, o SIGNORE, Dio, si avveri la promessa da te fatta a mio padre Davide, perché mi hai costituito re di un popolo numeroso come la polvere della terra! Dammi dunque saggezza e intelligenza, perché io sappia come comportarmi di fronte a questo popolo; poiché chi potrebbe mai amministrare la giustizia per questo tuo popolo che è così numeroso?»**

Dio disse a Salomone: «Poiché questo è ciò che hai nel cuore, e non hai chiesto ricchezze, né beni, né gloria, né la morte dei tuoi nemici, e nemmeno una lunga vita, ma hai chiesto per te saggezza e intelligenza per poter amministrare la giustizia per il mio popolo del quale ti ho fatto re, la saggezza e l'intelligenza ti sono concesse; e, oltre a questo, <u>ti darò</u> ricchezze, beni e gloria, come

non ne ebbero mai i re che ti hanno preceduto, e come non ne avrà mai nessuno dei tuoi successori.»

2 Cronache 1:7-12

Ottimo! Dopo questa esperienza, Salomone tornò a Gerusalemme e tutto cominciò a prosperare e moltiplicarsi nelle sue mani! Wow! Re, regine e nazioni cominciarono a portare a lui doni, tributi, imprese e favore. Questo aspetto della benedizione e del successo può essere raggiunta solo attraverso un incontro divino - la preghiera. La preghiera migliora i vostri sforzi e risultati in un effetto maggiore. Non c'è modo che i vostri contemporanei stiano con voi se pregate. Se volete essere al di sopra dei vostri contemporanei, al di sopra dei vostri avversari allora pregate. Solo questo è il segreto di persone come Gesù. Vero. Guardate ancora la bibbia. Tutti gli uomini e le donne noti per la preghiera astronomicamente si sono sollevati oltre i contemporanei. Prendete il favore di Dio in ginocchio e tutto comincerà a sottomettersi a voi. Tutte le cose per cui lottate inizieranno a lottare per voi.

Salomone in virtù di questa interazione si stava sollevando sopra tutti i re che hanno vissuto e viveranno mai sulla terra! La preghiera attira un successo monumentale, generazionale! (Aspettate di leggere il mio libro *Il Potere del sacrificio*, subito dopo questo). Ora, volete sentire un po' i successi di questo uomo? Riuscite a quantificarli? Ne siete sicuri? Ascoltate:

Il re fece in modo che l'argento e l'oro fossero a Gerusalemme così comuni come le pietre. E i cedri tanto abbondanti quanto i sicomori della pianura."

2 Cronache 1:15

"Il peso dell'oro che giungeva ogni anno a Salomone era di seicentosessantasei talenti. Oltre a quello che percepiva dai trafficanti e dai negozianti che gliene portavano. Da tutti i re dell'Arabia e dai governatori del paese che portavano a Salomone oro e argento.

Il re Salomone fece fare duecento scudi grandi d'oro battuto, per ognuno dei quali impiegò seicento scicli

d'oro battuto. E trecento altri scudi d'oro battuto, per ognuno dei quali impiegò trecento scicli d'oro...

Il re aveva una flotta di navi commerciali, occupate dai marinai inviati da Hiram. Ogni tre anni, le navi tornavano, caricate con oro, argento, avorio, scimmie e pavoni. Così il re Salomone fu il più grande di tutti i re della terra per ricchezze e per saggezza. E tutti i re della terra cercavano di vedere Salomone per udire la saggezza che Dio gli aveva messa in cuore. Ognuno di essi gli portava il suo dono: vasi d'argento, vasi d'oro, vesti, armi, aromi, cavalli, muli; e questo avveniva ogni anno."

2 Cronache 9:13-24

Il successo! Il successo monumentale! Tutto il successo! La parola di Dio deve aver luogo. Egli fu benedetto in tutte le aree e diventò una benedizione per gli altri, e per tutto il mondo. Questa è solo una versione ridotta della ricchezza e dei successi di questo ragazzo. Non abbiamo parlato del suo magnifico palazzo, il magnifico tempio di Gerusalemme, rivestito d'oro, antico e massiccio. E degli enormi uomini militari, degli equipaggiamenti e delle imprese? Questo è stato veramente un successo!. Egli fu divinamente favorito. E tutto questo provenì dall'incontro di una notte con Dio. Solo una notte! Se pregate, sarete benedetti come Salomone.

Sansone

Guardate Sansone il grande. Il suo incarico era quello di liberare Israele da quarant'anni di schiavitù nelle mani dei Filistei. Continuò a fare il lavoro, ma purtroppo fu distratto dalla mondanità. Poi si trovò in una situazione terribile che minacciò l'intero progetto e la sua vita. Infatti, non sembrava che fosse possibile scappare o recuperare. L'intero progetto deragliò. La Bibbia disse che fu catturato, rasato, accecato, schernito e messo in prigione con un duro lavoro.

 Questo è il modo in cui ci troviamo a volte, specialmente quando rifiutiamo di attenerci alla parola di Dio. Vi svegli soltanto e vedete che quel progetto è improvvisamente bloccato. Vi guardate intorno e sembra che non ci sia possibilità di recupero o di sopravvivenza. Sì, ci sono momenti in cui sperimentate questo nella vostra vita o nel perseguimento della vostra visione. La maggior parte delle persone di successo lo fa. Forse siete anche voi in quella situazione ora. Ascoltate, vi riprenderete! Ho detto che vi riprenderete! Quel progetto sorgerà nuovamente nel nome di Gesù! Sansone era lì. Grazie a Dio, dopo tutti questi blocchi e prove, la bibbia disse che i **capelli di Sansone cominciarono a crescere di nuovo!** E vedo voi, i vostri sogni, e i vostri affari crescere nuovamente. Non siete arrivati alla fine della strada. Se riuscite a fare quello che Sansone ha fatto qui, avrete la svolta finale. E cosa fece lui? Pregò!

Quando pregò, il risultato che ebbe fu che ebbe più successo di quanto abbia avuto in tutto il resto della sua vita. Questo è il potere della preghiera. Sì, è lì nella vostra bibbia. Andiamo:

"Sansone disse al ragazzo che lo teneva per mano: «Lasciami, che io possa toccare le colonne sulle quali poggia la casa, e mi appoggi a esse." La casa era piena di uomini e donne; e tutti i prìncipi dei Filistei erano lì; e c'erano sul tetto circa tremila persone, fra uomini e donne, che stavano a guardare mentre Sansone faceva il buffone.

Allora Sansone invocò il SIGNORE e disse: «SIGNORE mio Dio, ti prego, ricordati di me. O Dio, dammi forza per questa volta soltanto, o Dio, perché io mi vendichi in un colpo solo dei Filistei, per la perdita dei miei due occhi.» Sansone tastò le due colonne di mezzo, che sostenevano la casa; si appoggiò a esse: all'una con la destra, all'altra con la sinistra e disse: «Che io muoia insieme con i Filistei!» Si curvò con tutta la sua forza e la casa crollò addosso ai prìncipi e a tutto il popolo che c'era dentro; **così quelli che uccise mentre moriva furono di più di quanti ne aveva uccisi durante la sua vita.**

Giudici 16:26-30

Wow! Avete letto questo? 'Sovrano SIGNORE, ricordati di me di nuovo!" Ho sempre avuto gli occhi lucidi ogni volta che ho letto questo passo. Anche quando le persone (sia amici che nemici) pensavano che non c'era più speranza per lui, improvvisamente, è arrivata la svolta finale! In un solo tentativo, con ovvi limiti, ottenne più risultati di quanto non aveva avuto per tutto il resto della sua vita. Questa sarà la vostra esperienza quando Dio arriverà in vostro aiuto. Ora, raggiungerete questa forma senza perdere la vista, la libertà, la bellezza, il rapporto divino e la vostra vita. Quella parte della vostra vita, il progetto che è stato "rasato", inizierà a crescere da oggi in nome di Gesù! La preghiera vi aiuterà a raggiungere i vostri obiettivi, e anche quando deraglierete o vi distrarrete, non solo vi aiuterà a tornare in pista ma vi darà il risultato di "grande uccisione". Pregate.

Davide

Davide fu un re di grande successo. Ebbe la vita e il regno più impegnativi di tutti, ma pregando e dipendendo da Dio, finì per essere un re di grande successo. Nessuno, nessun re fino ad oggi ha eguagliato le sue azioni. La mano di Dio fu forte su di lui. Sì, la bibbia ha detto che dovresti evidenziare l'uomo giusto affinchè la sua fine sia in pace. Sì, egli può passare periodi molto turbolenti ma Dio lo farà rinascere e lo onorerà sempre. Ecco la Sua parola!

Guardate quando dovette affrontare il minaccioso gigante filisteo - Golia. Era chiaramente una missione impossibile, o così sembrava. Quando egli mostrò interesse di andare in missione, i suoi fratelli dissero che era pigro, orgoglioso e disonesto. Il re Saul gridò a lui:

"Non essere ridicolo! Non c'è modo di andare contro questo Filisteo. Sei solo un ragazzo, ed egli è stato nell'esercito da quando era un ragazzo " Dio Mio! Ma questo ragazzo ancora invocò il coraggio, mettendo la sua fede nel Dio d'Israele e pregando, andò avanti e uccise il gigante. Grande Re Davide! Vi state ancora domandando perché ho dedicato a lui questo libro? Ogni Golia di fronte a voi dovrà cadere oggi! Golia rappresenta tutto ciò che sta sulla vostra strada in cima. Il Dio di Davide è anche il vostro Dio! Immaginate l'atmosfera seguente:

Intanto avanzava anche il Filisteo, avvicinandosi sempre più a Davide, mentre il suo scudiero lo precedeva. Quando il Filisteo vide Davide, lo disprezzò, perché egli non era che un ragazzo, biondo e di bell'aspetto. Il Filisteo disse a Davide: «Sono forse un cane, ché tu vieni contro di me con il bastone?» E maledisse Davide in nome dei suoi dèi. «Vieni qua, e darò la tua carne in pasto agli uccelli del cielo e alle bestie dei campi!» gridò Golia.

<u>Allora **Davide rispose al Filisteo: «Tu vieni verso di me con la spada, con la lancia e con il giavellotto; ma io vengo verso di te nel nome del SIGNORE degli**</u>

eserciti, del Dio delle schiere d'Israele che tu hai insultate."

1 Samuele 17:41-45

La preghiera e la totale dipendenza da Dio vi rendono senza paura. Essi vi trasformano istantaneamente da umani, spaventati, in soprannaturali, senza paura e inimmaginabili. La preghiera vi farà ridurre le minacce, le opposizioni e gli ostacoli. Vedrete vittorie in cui gli altri vedono sconfitte. Vi farà guardare oltre gli ostacoli e vedere i guadagni, le vittorie, la gioia, la promozione, ricompense e allori. Ricordate Davide che domandò innanzitutto "qual è la ricompensa per l'uomo che ucciderà il gigante?" C'è sempre ricompensa del successo e della soddisfazione per coloro che prevalgono nella preghiera. Poichè Davide avrebbe sposato la figlia del re e tutta la sua famiglia esonerata dal pagamento delle tasse!

Acqua Fuori dal Terreno Asciutto

Quando chiamate Dio, Egli fa sì che l'acqua sgorghi dal terreno asciutto per voi. Vero. Sì, a volte sembra asciutto, molto secco. Voi mettete in tutti i vostri sforzi, risorse, connessioni e conoscenze, ancora nulla da mostrar loro. Ovunque diventa secco e frustrante. Dio dice che farà sì l'acqua sgorghi da quel terreno asciutto (progetto). Sì è quello che ha detto in Isaia 43:18-19,

"Non ricordate più le cose passate - non considerate più le cose antiche. Ecco, io sto per fare una cosa nuova. Essa sta per germogliare! Non la riconoscerete? Sì, io aprirò una strada nel deserto. <u>Farò scorrere dei fiumi nella steppa!</u>"

Sì fiumi nel deserto! Questa è la promessa di Dio! E mentre leggete questo messaggio, chiedo ai fiumi di scoppiare nelle vostre aree desertiche nel potente nome di Gesù! Dio sta facendo una nuova cosa nella vostra vita. Quel progetto, quella visione sarà innaffiata e alla fine completata! Guardate cosa successe quando i re di Israele, Giuda e Edom stavano andando a combattere contro Moab. I tre eserciti viaggiarono nel deserto per sette giorni e non c'era acqua per i soldati e gli animali. Fu un momento disperato per questi re e le loro truppe e si chiedevano a vicenda che cosa dovessero fare. Grazie a Dio che il grande Giosafat che temeva Dio era tra loro.

Incoraggiò loro rapidamente a chiedere a Dio cosa dovevano fare.

Ora, voglio che apprezzate la situazione. Non c'era davvero alcuna speranza per la loro sopravvivenza proprio in quel deserto. Se desiderate tornare in città, ci vorranno altri sette giorni di viaggio per l'uomo e gli animali già esausti. Possono farlo? Se procedete nella battaglia con i Moab, sareste sicuramente sconfitti. Quindi, se rimanete fissi, sareste sicuri di testimoniare una morte di massa se non totale. Quindi, fu davvero un caso disperato. Ma con il consiglio di Giosafat, chiamarono Eliseo. Grazie a Dio, era lì con loro. Stava combattendo con loro? Che meraviglia! Tramite lui Dio intervenne. Ascoltate quel grande uomo:

"Ma ora conducetemi qua un suonatore d'arpa". E, mentre il suonatore arpeggiava, la mano del SIGNORE fu sopra Eliseo, che disse: «Così parla il SIGNORE: Fate in questa <u>valle delle fosse! Infatti così dice il SIGNORE: Voi non vedrete vento, non vedrete pioggia, e tuttavia questa valle si riempirà d'acqua.</u> E berrete voi, il vostro bestiame e le vostre bestie da soma. E questo è ancora poco agli occhi del SIGNORE; perché egli darà anche Moab nelle vostre mani! <u>Voi distruggerete tutte le città fortificate e tutte le città importanti... La mattina dopo, nell'ora in cui si presenta l'offerta, ecco che l'acqua arrivò dal lato di Edom e il paese ne fu pieno! Stava scorrendo dalla direzione di Edom, e presto c'era acqua dappertutto."</u>

2 Re 3:15-20

Gloria a Dio! Presto, ci fu acqua ovunque! Questo è tutto! Provate a pensarci. Non vedrete alcun segno; nessun vento, nessuna pioggia, ma acqua che riempirà questa valle. Dio Mio! Ora vedete perché alcuni di noi non lasceranno mai questo Dio e la Sua parola dinamica? È l'unico che può fare ciò. Crea acqua dai deserti! Lo ha fatto anche quando gli israeliti uscivano dall'Egitto. Ha detto a Mosè di colpire la roccia che avrebbe 'vomitato' acqua. Ricordate che anche loro erano nel deserto, percorrendo la Terra Promessa, ma sono venuti a *Refidim* e non c'era acqua da bere - più di un milione di persone (Uomini, donne, bambini e moltitudine mista).

Ogni progetto e la sua visione hanno il proprio***Refidim*** - un luogo dove non c'è acqua da bere. Ma dobbiamo totalmente dipendere da Dio. Dobbiamo chiamarlo per fornirci acqua. La preghiera è la chiave. L'acqua per gli Israeliti arrivò. Bevvero, si risvegliarono e continuarono il viaggio. Sì, "l'acqua" da Dio viene a rinfrescarci per continuare verso il nostro obiettivo. Ecco perché Neemia chiese a Dio di ascoltare le sue preghiere. Senza preghiera, senza Dio, raggiungeremo poco o nulla. La preghiera è essenzialmente importante se raggiungeremo il successo nella vita. Neemia pregò, pregò e pregò ancora. Fu in preghiera per tutta la missione. The wealthiest man – Solomon prayed. L'uomo più forte - Sansone pregò e il re più potente - Davide anche pregò. Cosa state aspettando? Pregherete da oggi?

Perchè non avete ricevuto?

Sì Gesù ha detto che non abbiamo ricevuto perché non abbiamo chiesto. Dovete prendere l'abitudine di chiedere sempre aiuto a Dio. Allora E' vostro padre. Vuole aiutarvi, ma spesso si aspetta che agiamo correttamente chiedendoGli di essere coinvolto. O pensate che il proprietario di questo universo non possa permettersi quella piccola cosa di cui avete bisogno per completare quel progetto, quella visione? Pensateci di nuovo. Sì, non stiamo ricevendo perché non stiamo chiedendo, e anche quando vogliamo chiediamo in modo sbagliato, egoistico. Non ho detto io così, ma Gesù. Egli lo dovrebbe sapere meglio. Ascoltatelo:

"Chiedete e vi sarà dato. Cercate e troverete. Bussate e vi sarà aperto. Perché chiunque chiede, riceve. Chi cerca, trova. E sarà aperto a chi bussa."
Matteo 7:7-8

Avete capito? Il Maestro di nuovo! Sta parlando dei gradi di preghiera, chiedere qui. Quando si chiede ed è come se non stessi vedendo il risultato, si va a guardare. E quando non siete soddisfatti di ciò si continua a bussare. Wow! Che rivelazione! Chiedete, cercate e bussate e quella porta sarà aperta per "forza" per voi. Ogni porta ha la chiave giusta. Usate la chiave e sicuramente si aprirà!

Concedimi il Successo e il Favore

Capitolo Sei

Concedimi il Successo e il Favore

"... **Signore, prego**, siano i tuoi orecchi attenti alla preghiera del tuo servo e alla preghiera dei tuoi servi, che vogliono temere il tuo nome; e concedi oggi, ti prego, successo al tuo servo. E fa che egli trovi pietà presso quest'uomo."

Neemia 1:11

Neemia chiese a Dio di concedergli il successo e il favore mentre andava a vedere il re. Inoltre gli chiese di metterlo nel cuore del re per mostrargli gentilezza. Wow! Queste parole possono passare solo dalle labbra di un uomo che comprende le vie di Dio. Il vostro successo è fortemente legato al favore e alla gentilezza che ricevete da Dio e dall'uomo. Infatti, non potete riuscire senza di essi. Quando pregate e obbedite a Dio, Egli vi concede favore e grazia e fa sì che uomini e situazioni siano a voi favorevoli e gentili. Poi, avete successo.

Non potete mai avere successo senza il contributo di altri. E gli uomini non vi aiuteranno e nemmeno vi favoriranno e, a meno che il cielo non abbia permesso loro di farlo. Neemia sapeva tutto questo e per questo ha cercato per la prima volta il volto di Dio. Ha specificamente chiesto a Dio di metterlo nel cuore del re affinchè mostrasse gentilezza. Avete bisogno della gentilezza della gente per avere successo. Avete bisogno di uomini per aiutarvi. Il favore fa la differenza!

Essere gentili significa mostrare premura, amore o simpatia. Avete bisogno che la gente sia comprensiva verso la vostra causa; che vi amino e di essere attratti verso la vostra visione, che vi sostengano o accondiscendano, se avrete successo. Immaginate di avviare un progetto o una causa o un affare e nessuno viene a lavorare, aiutare o proteggerti. Allora, sei finito!

Sì, hai bisogno di favore e di gentilezza da parte di altri. Neemia si imbarca in un progetto molto difficile e pericoloso, e ha bisogno del grazioso permesso e del sostegno del re. La grazia di Dio costringe gli uomini a favorirvi per raggiungere questo obiettivo, il progetto, quel successo. Dio utilizzerà gli uomini in ultima analisi per aiutarvi.

Dio ha acconsentito alla richiesta di Neemia e ora vediamo i risultati sorprendenti:

"Il re, che aveva la regina seduta al suo fianco, mi disse: "Quanto durerà il tuo viaggio? Quando ritornerai?" La cosa piacque al re, che mi lasciò andare, e gli indicai una data.

Poi dissi al re: "Se il re è disposto, mi si diano delle lettere per i governatori d'oltre il fiume affinché mi lascino passare ed entrare in Giuda. E una lettera per Asaf, guardiano del parco del re, affinché mi dia del legname. Ne avrò bisogno per costruire le porte della fortezza annessa al tempio del SIGNORE, per le mura della città, e per la casa che abiterò." <u>Il re mi diede le lettere, perché la benefica mano del mio Dio era su di me.</u>

Mi recai presso i governatori d'oltre il fiume, e diedi loro le lettere del re. Il re mi aveva dato una scorta di ufficiali e di cavalieri."

Neemia 2:6-9

Incredibile! Quasi tutto è stato fatto da questa unica porta aperta. Dio ha dato a Neemia favore davanti al suo capo il re. E ricordate che questo è molto raro perché Neemia era schiavo in esilio e coppiere del re. Come schiavo era molto rischioso aver fatto tali richieste dalla sua maestà. E come coppiere, i suoi servizi sono molto essenziali e indispensabili al re. Ma Dio ha manovrato tutto ciò e gli ha dato favore davanti al re perché Gerusalemme deve essere ricostruita. Questa visione deve essere compiuta! Avete notato che anche la regina che era presente non ha obiettato o pronunciato una parola? Quando Dio vi aiuta, tutti, ogni situazione e tutto diventeranno coscientemente o inconsciamente uno strumento. Egli manipolerà tutto per far sì che il Suo scopo si compia. Dio smosse il re per mostrare gentilezza verso Neemia. La parola di Dio dice che il cuore del re è in mano di Dio. E' verissimo! Lo possiamo notare qui.

Fate il meglio di una porta aperta

Una porta, molteplici aperture, molte opportunità! Quando Dio apre una porta per fare il meglio che voi possiate dalla possibilità. Un incidente, un contatto, un'occasione può "stabilizzare" la vostra missione. Guardate nuovamente al racconto precedente. In un colpo, il re ha acconsentito alle richieste di Neemia di tornare a ricostruire Gerusalemme, gli ha dato una lettera di passaggio, lettera per raccogliere materiali e anche soldati per la sua sicurezza. Wow! Questo è davvero un favore in azione! E amo il riconoscimento di Neemia, **"E il re ha concesso queste richieste perché la graziosa mano di Dio era su di me."** Lui lo sapeva. Era molto conscio delle «manovre divine» e lo riconosceva.

L'Olio Continua a Moltiplicarsi

Ricordate la vedova nel Capitolo 4 del secondo libro dei Re. Finché continuò a versare l'olio nei vasi, esso continuò a moltiplicarsi. Un miracolo sistemò tutto il suo dipartimento, salvò suo figlio e fornì loro mezzi di sostentamento. Come vorrei che continuasse a portare più contenitori, quella donna avrebbe potuto essere la persona più ricca del mondo allora. Vero. Fu aperta per lei una porta illimitata, ma i contenitori erano limitati.

Il suo creditore venne a minacciare di allontanare i suoi due figli e lei corse da Eliseo:

"Una donna, moglie di uno dei discepoli dei profeti, si rivolse a Eliseo, e disse: «Mio marito, tuo servo, è morto; e tu sai che il tuo servo temeva il SIGNORE. Il suo creditore è venuto per prendersi i miei due figli come schiavi." «Che devo fare per te?" Chiese Elisea. "Dimmi, che cosa hai in casa?» La donna rispose: «La tua serva non ha nulla in casa, tranne un vasetto d'olio».

Allora egli disse: «Va' fuori, chiedi in prestito a tutti i tuoi vicini dei vasi vuoti; e non ne chiedere pochi. Poi torna, chiudi la porta dietro di te e i tuoi figli. Versa dell'olio in tutti quei vasi, e, a mano a mano che saranno pieni, falli mettere da parte."

La donna se ne andò e si chiuse in casa con i suoi figli. I suoi figli le portavano i vasi, e lei vi versava l'olio. Quando i vasi furono pieni, disse a suo figlio «Portami

ancora un vaso». «Non ci sono più vasi!» egli le rispose. E l'olio si fermò."
2 Re 4:1-6

Fu aperta una porta infinita per questa donna, ma non ha avuto una visione ampia o la capacità di massimizzare il suo utilizzo. Ora, voglio che immaginiate il nostro Neemia in quella situazione. Avrebbe fatto del suo meglio. Ci sono porte che vengono con opportunità multiple o addirittura infinite. Fate il meglio fuori di essa finchè rimane aperta. L'olio smise di scorrere immediatamente la donna e i suoi figli smisero di portare i contenitori.

L'Esperienza di Zarefat

Guardate la donna. Elia ebbe il suo raccolto di legna da ardere per cucinare il suo ultimo cibo prima di morire con suo figlio. Dio Mio! Il suo ultimo pasto! Dichiarò ciò all'uomo di Dio, ma immediatamente le ordinò di cuocere una piccola pagnotta di pane per mangiare prima. Grazie a Dio la donna obbedì. Possiamo essere spiritualmente attenti nel giorno di visita del SIGNORE! Questa donna fu attenta.

Quando il profeta, la donna e il figlio cominciarono a mangiare, il cibo cominciò a moltiplicarsi. Rifiutò di finire. Ciò che era avanzato nel contenitore continuò a moltiplicarsi e si alimentarono bene fino a quando le piogge tornarono e le colture iniziarono a crescere. Gloria a Dio! Una porta che durò così a lungo!

Il Favore Divino

Continueremo ad affermare questo fatto che il successo è un prodotto del favore divino. E il favore divino deriva dalla grazia divina. Quando la grazia di Dio è su di voi attiverà un favore insolito. E quando siete favoriti sarete in ultima analisi successo. Questo è il modo in cui funziona. Quando la grazia di Dio è su di voi, avrete successo quando altri falliscono. Vivrete quando altri muoiono, sarete accettati quando altri sono rifiutati. Potrete superare tutti gli ostacoli sulla strada del vostro destino, sconfiggere tutte le "mine" poste sulla strada del vostro successo, troverete sempre un aiuto improvviso, tempestivo e inspiegabile, una svolta e una liberazione quando pensate che tutta la speranza sia persa. La sua grazia vi fa sempre sentire che la stimolazione soprannaturale interiore continua anche quando appare fisicamente impossibile. Vi fa fare le cose, raggiungere obiettivi ben al di là della vostra capacità naturale.

Giuseppe

Mentre scrivo, mi è venuto immediatamente in mente Giuseppe. La grazia e il favore di Dio furono forti su di lui. Non lo hanno mai lasciato finché non è riuscito. E perché fu così? Dio l'aveva destinato ad essere grande. Doveva essere usato per preservare il popolo e la promessa di Dio. Così Dio implora questa grazia (favore) nella vita del ragazzino e la sua vita fu davvero completa perché era anche un giovane molto bello. (Ma questo è il caso in cui devi essere molto attento perché il nemico può anche sfruttare questa cosa). Guardate il modo in cui la bibbia lo ha descritto, "Ora Giuseppe era un giovane molto bello e robusto."

Qui, vogliamo osservare che ovunque fosse Giuseppe, il favore di Dio lo seguiva. Sì, proprio dalla casa di suo padre. A casa, suo padre fece un cappotto multicolore per lui. Una volta, mentre vagava cercando i suoi fratelli e le loro greggi, un uomo lo notò e gli indicò la direzione per Dothan dove li trovò. Quando i suoi fratelli intendevano ucciderlo per gelosia, Reuben era a portata di mano per diffondere il piano. Poi, quando fu venduto alla casa di Potifar, tutto quello che toccava lì prosperava. (E perché non è stato venduto ad alcuna altra persona, ma un personale del re?).

Proprio in casa di Potifar, il favore, la grazia rimase su Giuseppe. Ascoltate una delle parole più positive e sconvolgenti che troverete mai nella Bibbia e sta proprio su questo stesso ragazzo:

"Il SIGNORE era con Giuseppe: a lui riusciva bene ogni cosa e stava in casa del suo padrone egiziano. Potifar vide che il <u>SIGNORE era con lui e che il SIGNORE gli faceva prosperare nelle mani tutto ciò che intraprendeva. Giuseppe trovò grazia agli occhi di lui e si occupava del servizio personale di Potifar. Potifar lo fece maggiordomo della sua casa e gli affidò l'amministrazione di tutto quello che possedeva. Dal momento che l'ebbe fatto maggiordomo della sua casa e gli ebbe affidato tutto quello che possedeva, il</u>

SIGNORE benedisse la casa dell'Egiziano per amore di Giuseppe. La benedizione del SIGNORE si posò su tutto ciò che egli possedeva, in casa e in campagna."

Genesi 39:2-5

Il Favore Divino! O mio Dio! Non ho mai visto questo tipo prima. Proprio la presenza di Giuseppe stava facendo crescere e moltiplicare tutto intorno. Anche Potifar riconobbe che Dio aveva dato al ragazzo successo in tutto ciò che faceva. Questo è quello che il favore divino può fare. Attrae il successo, l'accettazione, l'eccellenza, la moltiplicazione, il progresso e la promozione. Più tardi, Giuseppe fu imprigionato ingiustamente e tuttavia il favore continuò con lui. La grazia di Dio rimane con voi anche nella più oscura delle celle sotterranee. Il direttore della prigione scoprì presto che aveva fatto entrare un diverso tipo di prigioniero - un prigioniero favorito!

Appena Giuseppe arrivò alla prigione; Dio ha istruito il capo carcerario a iniziare a favorirlo. Sì, la gente vi favorirà anche quando non hanno alcuna ragione per farlo. Dio li muoverà per farlo. Volete che leggiamo l'esperienza di Giuseppe in prigione? OK, andiamo:

"Quando il padrone di Giuseppe udì le parole di sua moglie che gli diceva: «Il tuo servo mi ha fatto questo!» si accese d'ira! Il padrone di Giuseppe lo prese e lo mise nella prigione, nel luogo dove si tenevano chiusi i carcerati del re. **E il SIGNORE fu con Giuseppe, gli mostrò il suo favore e gli fece trovare grazia agli occhi del governatore della prigione. Così il governatore della prigione affidò alla sorveglianza di Giuseppe tutti i detenuti che erano nel carcere; e nulla si faceva senza di lui.** Il governatore della prigione non ebbe più preoccupazioni dopo ciò, perchè Giuseppe si prendeva cura di tutto. **Il SIGNORE era con lui, e faceva prosperare tutto quello che egli intraprendeva.**"
Genesi 39:19-23

Il Favore che parla! Il successo ha seguito questo ragazzo ovunque sia andato, anche nei luoghi più insoliti. Fu su di lui fino a quando non è riuscito. Più tardi divenne il primo ministro egiziano da dove Dio lo usò per preservare Israele e anche l'intero impero egiziano. Il favore vi condurrà al trono. Questo è ciò che vi succede quando siete selezionati per grandezza. La mano di Dio si posa permanentemente su di voi finché il vostro scopo nella vostra vita non si realizza. Questo era esattamente quello che disse a Giacobbe a Bethel.

Giacobbe

Dio disse a Giacobbe che continuerebbe a favorirlo finché non porterebbe la Sua parola nella sua vita. Giacobbe era in totale stato di fallimento quando ha ricevuto questa promessa. Aveva un passato osceno, un doloroso presente e un futuro incerto. Non era sicuro che tutto quello che si dicesse di lui sarebbe accaduto e improvvisamente Dio apparve nella notte e gli disse,

"…Io sono con te, e ti proteggerò dovunque tu andrai e ti ricondurrò in questo paese, perché io non ti abbandonerò prima di aver fatto quello che ti ho detto.»

Genesi 28:15

Adoro così tanto questa scrittura! Forse mi sono innamorato perché ho avuto un'esperienza simile a Giacobbe. Lo adoro! Quale promessa può essere meglio di questa? Dio vi sta dicendo oggi che non vi lascerà finché non abbiate compiuto tutte le Sue promesse sulla vostra vita - fino a diventare un successo! Amen! Ciò significa semplicemente che tutti le macchine del cielo saranno schierate per assicurarsi che raggiungiate il vostro destino divino. Ho pensato che dovreste saltare e ballare ormai. Sì, questa particolare promessa mi continua a far ballare e gioire sempre. Mi dà la certezza che sarò costantemente, protetto, rifornito e FAVORITO per sempre! E Dio ha deluso Giacobbe? Impossibile!

Vedo sempre questo tipo di favore sul mio cammino. Forse questo spiega perché le scritture sopra restano vicino a me. Ricordo che quando stavo per concludere il mio corso di giornalismo all'Istituto di Giornalismo della Nigeria, Lagos, le cose sono state così difficili per me che non potevo pagare la mia tassa del semestre, la mia casa e molti altri conti. Ho pregato e lavorato duro dal niente è arrivato. Anche le piccole imprese che mi hanno aiutato sono state rese frustranti da coloro che mi aiutano a gestirle. Era davvero difficile.

Così in quel particolare giorno, uno dei miei amici, il capo della nostra Compagnia Cristiana a scuola (io ero il segretario dell'evangelizzazione e il loro redattore) mi ha chiesto di accompagnarlo a casa del suo amico. Lì, mentre chiacchieravano, l'amico mi guardò e chiese al mio amico chi fossi. Dopo a presentazione, con mia sorpresa, il mio amico ha aggiunto rapidamente che avevo bisogno di un lavoro. E non lo crederete, dopo aver fatto alcune domande, l'uomo mi ha offerto immediatamente un posto di lavoro nella sua azienda e mi chiese di iniziare il giorno successivo. Così ho ottenuto un impiego immediato in una delle maggiori aziende di marketing a Lagos.

Più tardi sono stato inviato al magazzino centrale dove ricevevo grandi importazioni di riso, vino, pezzi di ricambio per automobili, apparecchiature di trasmissione elettrica, materiali per la produzione di automobili e pezzi di ricambio per macchine, ecc. Si occupavano di migliaia di oggetti provenienti da oltreoceano e distribuivano gli stessi alle nostre sedi in tutto il paese e oltre. Era davvero un lavoro molto impegnativo. Mi sono anche avvicinato al proprietario dell'azienda dato che l'uomo si fidava tanto di me e mi ha anche consultato in materia spirituale. Allora avevo circa 26 anni. Questo è ciò che può fare. Quando Dio vi favorisce, l'uomo farà lo stesso.

Ester

Anche il favore su Ester le ha fatto avere successo. Questa era un orfana che viveva con uno zio/padre in esilio, ma poichè era destinata a svolgere un ruolo fondamentale nella liberazione e nella protezione degli ebrei, Dio ripone questo favore in lei. Guardate come lei dal nulla è emersa come regina dell'impero a Susa. Da suo zio Mordecai a Hegia al re, fu un favore speciale in tutto. Niente è tanto potente quanto il favore divino ed è il modo più sicuro per arrivare in cima. Tra le numerose belle vergini provenienti da tutte le province dell'impero, quest'orfana è emersa come regina. Possa il favore di Dio venire su di voi oggi nel nome di Gesù!

Davide

Re Davide fu molto favorito e questo portò al suo insolito successo. Sì, era ed è ancora il re favorito di Israele. Ha raggiunto la grandezza con il favore e la nomina divina. La mano di Dio era su di lui anche come ragazzino perché il cielo lo aveva segnato per la grandezza. Oppure potete dire come un ragazzino di quell'epoca potrebbe uccidere leoni e orsi; talvolta tenendoli per la mascella e farli a pezzi? Ditemi? Poi, guardate il dramma che ha avuto luogo quando Dio ha mandato il grande Samuele ad andare a scoprire Davide e lungerlo per essere il prossimo re d'Israele al posto di Saul. Sì, ho detto scoprire perché David non era conosciuto. Suo padre non era conosciuto né ben noto, e il ragazzino era ancora in campagna. Ragazzo di campagna! Anche se in campagna e non conosciuto, il cielo ne stava già parlando; senza che lo sapesse.

Il favore fa che il cielo segni e parli di voi. Il favore vi permette di essere scoperti. L'uomo può non conoscervi, ma il cielo vi permetterà di essere scoperti! Samuele doveva andare a prendere Davide. Peggio ancora, Dio non diede al profeta Samuele il nome di Davide o gli disse molto del ragazzo. Era semplicemente sconosciuto o riconosciuto dall'uomo. Non voglio essere conosciuto dagli uomini, ma essere favorito da Dio. Sì!

Sapete che c'è una discussione attualmente in corso nei cieli su come presentarvi al mondo? Ho personalmente sperimentato questo; dove tali questioni erano state deliberate nel consiglio del cielo. Ogni grande evento, missione o ministero è ampiamente discusso e pianificato in cielo. A noi, accade improvvisamente, ma per Dio è sempre un progetto ben pianificato. Forse questo spiegherà perché Dio dice sempre, "facciamo l'uomo", "lo mandiamo"; eccetera. Chi sono questi 'noi'? Conoscete le funzioni dei ventiquattro anziani in cielo? E gli esseri che hanno occhi e ali ovunque e quelli che stanno davanti a Dio? Sì, essi lo adorano e si inchinano davanti a lui? È tutto? Gli furono dati tutti quegli occhi, ali, ecc solo per chinarsi? I venticinque anziani indossano corone d'oro solo per chinarsi? È tutto? Forse. Ma il giorno in cui li ho visti stavano seduti e discutevano! Bene, lasciatemi fermare dove la bibbia si ferma. Scusate, vi prego, torniamo a Davide.

Quando Samuele venne a casa di Jesse a Betlemme, come abbiamo detto ci fu una tragedia. Lui e l'uomo dettero per scontato che Dio aveva scelto uno dei "grandi ragazzi" della famiglia per la sovranità. Ma dovevano essere delusi perché il favore di Dio non rispetta le considerazioni umane. Vero. Guardate la tragedia:

"Il SIGNORE disse a Samuele, «Fino a quando farai cordoglio per Saul? Io l'ho rigettato perché non regni più sopra Israele. Riempi d'olio il tuo corno di olio di oliva e va' a Betlemme. Ti manderò da Isai di Betlemme, perché mi sono provveduto un re tra i suoi figli»...

Mentre entravano, egli pensò, vedendo Eliab: «Certo l'unto del SIGNORE è qui davanti a lui» Ma il SIGNORE disse a Samuele: «Non badare al suo aspetto né alla sua statura, perché io l'ho scartato. Infatti il SIGNORE non bada a ciò che colpisce lo sguardo dell'uomo! L'uomo guarda all'apparenza, ma il SIGNORE guarda al cuore."

Allora Isai chiamò Abinadab e lo fece passare davanti a Samuele. Ma Samuele disse: «Il SIGNORE non si è scelto neppure questo». Isai fece passare Samma, ma Samuele disse: «Il SIGNORE non si è scelto neppure questo.» Isai fece passare così sette dei suoi figli davanti a Samuele. Ma Samuele disse a Isai: «Il

SIGNORE non si è scelto questi». Poi Samuele disse a Isai: «Sono questi tutti i tuoi figli?»

Isai rispose: «Resta ancora il più giovane. Ma è al pascolo con le pecore.» Samuele <u>disse a Isai: «Mandalo a cercare, perché non ci metteremo a mangiare prima che sia arrivato qua».</u>

Isai dunque lo mandò a cercare, e lo fece venire. Egli era biondo, aveva begli occhi e un bell'aspetto. <u>Il SIGNORE disse a Samuele: «Àlzati, ungilo, perché è lui». Allora Samuele prese il corno dell'olio e lo unse in mezzo ai suoi fratelli. Da quel giorno lo Spirito del SIGNORE investì Davide.</u> Poi Samuele si alzò e se ne tornò a Rama."

1 Samuele 16:1, 6-13

Dio Mio! Vorrei che poteste vedere il mio viso come una penna che butta giù queste parole. Questa parte vale la pena di leggerla oltre cento volte. Vero. Lo adoro! Questo riassume ciò che stiamo dicendo in questo capitolo. Quando Dio decide di favorire un uomo, non c'è nulla che nessuno possa fare a riguardo. Guardate come quel piccolo ragazzo sconosciuto fosse stato recuperato dalla campagna. Il favore divino vi ripescherà. Immaginate che il grande profeta Samuele venga da Ramah fino a Betlemme solo per scoprire e ungere questo "ragazzo di campagna". Adesso, come vi siete sentiti quando avete letto che Samuele ha dato l'ordine, **"Invia lui subito e non ci metteremo seduti fino a quando non arriverà?"** Hey, ci siete? Il rappresentante del Dio d'Israele e tutta la casa di vostro padre non si siederà fino a quando non arriverete? Wow! Questo è veramente troppo da commentare.

Voglio anche che voi immaginiate il ragazzino in piedi tra quei figli grandi e riconosciuti di Iasi e il robusto profeta con la sua preghiera sacerdotale in piedi davanti a lui, pregando, profetizzando e versando olio su Davide e come lo Spirito di Dio arrivò forte su di lui. Gesù! Vale la pena dare testimonianza di questo evento. Questo è il favore straordinario!

Ascoltate, Dio vi prenderà oggi in nome di Gesù! Vi stanno inviando per te ora. Non si "siederanno" finché non siete "arrivati". E come Davide; sarete più "alti dei vostri fratelli, avversari, contemporanei e vostri nemici nel potente nome di Gesù! Questo è il favore per avere successo! Nessuno prenderà il vostro posto o le vostre benedizioni. Sapete che se il Signore non c'era, o Samuele non ascoltava Dio, egli avrebbe unto un altro come re al posto del prescelto. Le vostre benedizioni non vanno ad un altro! Non vi sfuggiranno! Dopo questa unzione, il favore, il potere, la protezione e il rifornimento di Dio non hanno lasciato Davide finché non ha compiuto tutto ciò che Dio ha destinato per lui. Guardate come è sopravvissuto agli assalti del re Saul, anche il figlio del nemico - Gionata è diventato il suo migliore amico e aiutante. Favore!

Guardate come ha ucciso il temuto mostro chiamato Golia, la sua conquista delle nazioni, e anche la sopravvivenza miracolosa del giudizio di Dio e anche il colpo di stato di suo figlio. Tornate indietro e leggete di nuovo tutti quei racconti. Ci vorrà un uomo con il massimo grado di favore per sopravvivere loro - un favore inconsueto. E grazie a Dio lo sapeva. Vi prego, sentiamo direttamente da lui parlando del favore di Dio sulla sua vita:

"Allora il re Davide andò a presentarsi davanti al SIGNORE e disse: «Chi sono io, Signore, DIO, e che cos'è la mia casa, perché tu mi abbia fatto arrivare fino a questo punto?"

2 Samuele 7:18

Questo tipo era così favorito che era vivo per consegnare personalmente il trono, l'alleanza, i materiali per il tempio e tutti i progetti importanti a suo figlio. E per coronare tutto, Dio gli ha dato una dinastia eterna che ha anche prodotto il Messia - Gesù Cristo.

Gesù

È stato il favore di Dio che ha reso Gesù vincente. Migliaia di anni dopo che se ne andò, il suo nome comanda ancora la più alta influenza nell'intero universo (spiritualmente e fisicamente) e miliardi di persone Lo adorano. Solo citando il suo nome invoca il potere e l'autorità più alti. È solo un favore divino che può raggiungere questo successo di livello.

Prima del Suo concepimento, l'arcangelo Gabriele venne e annunciò che sarebbe nato. Quando nacque, i pastori videro improvvisamente un gran numero di angeli allegri ballare, gioire e lodare Dio e alcuni astrologi provenienti da un paese lontano per rendere omaggio dopo aver visto la sua speciale e insolita stella apparsa in modo regale, magnificamente diversa da tutti le altre. Portarono regali reali rari - **oro, mirra e** incenso a questo bambino nato nella mangiatoia da una famiglia sconosciuta. Dalla mangiatoia ai reali! Wow! Favore! Amo il modo in cui la bibbia lo inserisce. Disse che aprirono i loro scrigni e Gli diedero doni. Il favore farà sì che gli uomini aprano il loro tesoro e mostrino regali, ricchezze su di voi!

All'età di dodici anni stava già istruendo gli anziani e i teologi del Tempio. Ha fatto il suo ministero e ha raggiunto tutto ciò che è venuto a fare in soli tre anni e mezzo. Il suo ministero ha avuto un grande successo e anche quando ha sempre detto alla gente di non pubblicizzare le sue opere; la bibbia disse che la sua fama andò all'estero. Ebbe molto successo e diventò famoso! Gesù fu favorito ed ebbe successo.

Israeliti che Lasciano l'Egitto

Guardate questo perfetto esempio di favore divino. Non voglio dire molto di Israele qui perché richiederà libri extra per farlo. Ma guardate la stessa notte che uscirono dall'Egitto. Dio aveva istruito loro attraverso Mosè (in conformità alle sue precedenti promesse e alleanza con Abramo) per chiedere ai loro vicini egiziani i loro valori, promettendo di dare agli Israeliti un favore speciale davanti a loro. E hanno fatto proprio questo e quale fu il risultato? Saccheggiarono l'Egitto! Portarono via tutta la ricchezza dell'Egitto in una sola notte. Un'azione divina può "sistemarvi". Sì, la ricchezza degli egiziani, il pagano deve essere a noi consegnato. Ecco la Sua parola. Da oggi saccheggerete il mondo in nome di Gesù! Non l'avete letto? Questo è uno dei maggiori benefici e 'saccheggiamenti divini' che troverete mai nella bibbia:

"E i figli d'Israele fecero come aveva detto Mosè: domandarono agli Egiziani oggetti d'argento, oggetti d'oro e vestiti. <u>Il SIGNORE fece in modo che il popolo ottenesse il favore degli Egiziani</u>, i quali gli diedero quanto domandava. Così saccheggiarono <u>gli Egiziani!</u>"

Esodo 12:35-36

Li ha saccheggiati! Rovinati! Cioè, Dio vi favorirà davanti al mondo. La ricchezza delle nazioni è conservata per noi. Saranno raccolti, accatastati, lucidati e rivolti a voi! Il mondo vi cercherà per favorirvi, perché il cielo vi ha già privilegiato! Noi raccogliamo il frutto del loro lavoro. Mio caro, quello che ti serve adesso è solo il Suo favore. Dio aveva detto ad Abramo di questo centinaio di anni fa; che porterà il suo discendente dal paese di schiavitù con grande ricchezza.

Possiamo andare avanti e indietro per mostrare quel favore, il favore divino è il fattore più importante per raggiungere il successo della vita, ma per favore permettimi di riassumere rapidamente in modo che possiamo passare ad un altro capitolo. Guardate persone come Daniele e Samuele, la parola di Dio ha detto che hanno trovato il favore con Dio e con l'uomo. Una volta che il Cielo ti favorisce, l'uomo ti favorirà anche. Anche la parola di Dio ha detto che è Dio che benedice. È Lui che apre o chiude le porte delle benedizioni. Ascoltatelo:

"Io conosco le tue opere. Eccoti ho posto davanti una porta aperta che nessuno può chiudere."
Apocalisse 3:8

Mi ricordo quando ero incline a diventare il responsabile delle pubbliche relazioni delle Assemblee di Dio in Nigeria. Ero ancora giovane e fresco dalla scuola biblica. Ci fu una grande opposizione. La maggior parte dei "grandi uomini" dell'ufficio nazionale gli piaceva e si sforzò di bloccare, ma poichè Dio mi aveva privilegiato e mi disse che avrei occupato l'ufficio, non c'era niente che nessuno potesse fare a riguardo. Tutti i loro sforzi sono stati ostacolati.

Ricordo uno dei giorni in cui il Sovrintendente Generale mi tenne la mano e mi disse che, sebbene nessuno si alzò per me e ci fosse opposizione alla mia nomina, aveva pensato che sarei stato nominato. Sì, Dio aveva deciso e l'uomo doveva cadere lì. Ora, la frustrazione a questo appuntamento fu così tanta e io stavo perdendo personalmente l'interesse per tutto ciò, ma Dio mi avrebbe sempre assicurato che finché rimane responsabile che nulla mi impedisse di occupare la posizione. E accadde proprio come disse. Il nostro Dio è il più potente e niente, nessuno; nessuna opposizione può ostacolare i suoi scopi. Prima dell'appuntamento mi disse che sarei lì; Mi ha dato le ragioni e anche la durata della mia permanenza. Questo è Dio per te - un grande pianificatore! Ora, quando favorisce, nessuno ti può fermare!

Gloria a Dio! Favore, promozione e successo vengono da Dio. Ha il potere di sollevare o buttare uno giù. Neemia capì questo e ciò è il motivo per cui nella sua preghiera chiese a Dio di concedergli il successo e il favore quando andò a far visita al re. E Dio rispose alle sue preghiere facendo sì che il re concedesse le sue richieste e appoggiasse pienamente la missione di Neemia. Abbiamo bisogno del favore di Dio se dobbiamo riuscire. Vi prego, commentate brevemente qualcosa prima di passare al prossimo capitolo, per favore.

Il Donare Divino

Ho scoperto che nella maggior parte dei casi le persone troveranno il donare divino, i talenti o la grazia manifesta che sono serviti come strumento, strumento per risollevarle. Potrebbe essere il loro aspetto, la personalità, la voce, i talenti, la capacità speciale, ecc. Tornate indietro e guardate di nuovo Giuseppe. Fu il dono di sognare e di interpretare i sogni che lo portarono al palazzo. Fu là con lui sin dalla nascita. Ricordate, la prima volta che cercò di utilizzarlo come armatura; piombò in un problema davvero grave. Perse quasi la vita. Sì, i suoi fratelli lo odiavano e quasi lo uccisero a causa dei suoi sogni e delle sue interpretazioni. Ma al momento stabilito, la stessa grazia orchestrò la sua ascensione al trono. Quali abilità speciali vi ha donato Dio? Sì, tutti ne hanno almeno una. L'avete trovata e sviluppata? La state usando? Può essere dove si trova la vostra grandezza.

Quella di Davide era la musica e i combattimenti (coraggio divino). E queste due lo portarono al trono. Con lode e strumenti egli si accontentò di Dio; facendo sì che Egli dichiarasse un uomo dopo il suo cuore e facendogli anche guadagnare un trono eterno e un patto. E come guerriero ha combattuto per tutta la sua strada. Immaginate un piccolo ragazzo che aveva già iniziato a uccidere leoni a mani nude! Ha combattuto e ucciso il terribile, vanaglorioso, esperto, generale filisteo pesantemente armato, Golia solo con pietre e fionda. Ha combattuto le nazioni, gli eserciti e li ha sconfitti. Ha anche sconfitto miracolosamente i tradimenti, le imboscate e la ribellione interna che molte volte, quasi lo uccisero.

Cosa Avete Nelle Mani?

Ora, vedo queste abilità speciali come il bastone di Mosè. Mosè ha usato il suo bastone per sfidare le forze dell'oscurità in Egitto. Lo usò per segni e meraviglie. Lo usò per far emergere l'acqua nel deserto. E più terribilmente, guardate come l'ha usata per il Mar Rosso. Israele era già intrappolato tra il mare e le forze egiziane che li perseguitavano. Come di consueto, iniziarono ad agitarsi, brontolare, lamentarsi e minacciare. E il Profeta Mosè, che era sicuro che Dio li avrebbe condotti in quella via, li rassicurò dell'immediata liberazione divina, ma in realtà non sapeva esattamente come sarebbe avvenuto. Poi, all'improvviso Dio gli parlò e gli fece una domanda molto insolita: "Perché mi stai chiamando, cosa c'è nelle tue mani?" Gesù! E questa domanda La sta facendo a qualcuno di noi oggi. Egli vi ha dato tutto quello di cui avete bisogno per aver successo. Sì, sono proprio dentro di voi! Leggiamo prima di andare avanti:

"Il SIGNORE disse a Mosè: «Perché gridi a me? Di' ai figli d'Israele che si mettano in marcia! <u>Alza il tuo bastone, stendi la tua mano sul mare e dividilo; e i figli d'Israele entreranno in mezzo al mare sulla terra asciutta...</u>"
Esodo 14:15

O mio Dio! Immaginate che Dio vi rimproveri per aver gridato a Lui. Lo fece a Mosè, ma era per il suo bene. Disse a Mosè che non era tempo per lunghe preghiere e lacrime ma di agire. Mosè deve immediatamente porgere il suo bastone sul mare in modo da aprire un percorso per lui e per il suo popolo. In realtà, c'è tanto da imparare qui, ma dobbiamo concentrarci su ciò che aiuterà la nostra discussione primaria. Quando utilizzate ciò che Dio vi ha dato, per voi si aprirà un percorso. Vero.

Dio ha dato a Mosè l'autorità di fare miracoli, segni e meraviglie attraverso il suo bastone nel loro incontro sul Sinai. Infatti, dopo aver concluso un accordo, che ora includeva Aronne, Dio ricordò a Mosè di assicurarsi che di aver preso il bastone in modo da poter compiere miracoli. Il potere reale era in quel bastone. Potenza immensa! Lo sta usando, ma qui credo che non sapesse che il bastone poteva anche separare un mare e Dio intervenne chiedendogli di usarlo. "Cos'hai nelle mani Mosè? Usalo!" Gli ordinò Dio.

E quando Mosè obbedì, quella grande acqua si separò immediatamente. Il vento orientale apparve e soffiò indietro l'acqua. Fu creata una strada. Israele l'attraversò, ma i loro nemici morirono proprio nel mare. Nessuno di loro sfuggì! Come la Marina disse "furono sepolti nel Mare". Questo è tutto! Ora, Mosè aveva l'autorità, il potere di farlo, ma non perché non sapesse che fosse là, era distratto, o era offuscato dalle lamentele, mormorii e minacce del testardo Israele.

C'è un "bastone" posto nelle vostre mani anche quando state leggendo questo. Dovete scoprirlo, attivarlo e usarlo per lanciarvi nel successo. Vi è stato dato per aiutarvi a compiere il vostro destino divino. Sì, è lì! Dovete solo scoprirlo e cominciare ad adoperarlo. E 'ciò che vi porterà al successo. È stato messo lì da Dio per aiutarvi, per segnarvi come diversi e unici; per rendervi distinti. **È il vostro *UPS* (Unico Punto Vendita)** come direbbero i venditori. Potrebbe essere il vostro talento, quell'interesse o una capacità speciale. Il favore la maggior delle volte va sulle ruote dei talenti. Cosa hai nelle tue mani mio caro lettore? Usalo! Il tuo successo, la tua grandezza è incorporata in esso. Iniziar a svilupparla e utilizzarla ora. Si Adesso!

La Responsabilità del Favore

Anche il favore ha una responsabilità. E cosa voglio dire con questo? Non devi prendere il favore di Dio per scontato. Ad esempio, che tu sei favorito, non significa che tu sia pigro, negligente, vivi una vita peccaminosa, ecc. No! Infatti, più siete preferiti è più si dovrebbe lavorare più forte, consacrarvi di più e essere molto vicini a Dio. Persone come Sansone, Saul, ecc, hanno preso il favore di Dio per scontato e hanno pagato pesantemente per questo. Se prendi il Suo favore nella tua vita per scontata, indubbiamente ti pentirai. Dio ci aiuti nel nome di Gesù!

Ricorda che la bibbia ci ha detto che non dobbiamo continuare nel peccato (temerarietà) credendo che la grazia abbondi. Spero che mi stai ascoltando? Dio ti ha privilegiato per lavorare più duramente. Ti ha privilegiato per consacrare completamente la tua vita. Ti ha scelto per guidare la strada per esempio. Quindi farti brillare più di altri. Più favore più impegno. A chi viene dato molto, è richiesto anche molto. Ho reso qui il significato? Ora, entriamo in un capitolo molto importante di questo libro - Il Lavoro-Sul-Piano-della-Visione.

La Preghiera

.Pregate che Dio mostri il Suo favore sulla vostra vita

.Pregate che Dio lo metta nel cuore di ogni uomo o donna che incontrerete da oggi per essere gentili con voi e mostrarvi favore.

.Fate questa preghiera con un solo giorno di digiuno e vedrete cosa inizierà a succedere sulla vostra strada.

Il Lavoro-sul-Piano-della-Visione

Capitolo Sette

Il Lavoro-sul-Piano-della-Visione

Perchè abbiate successo, dovete avere una visione. Dovete sapere dove siete, dove volete andare e cosa volete raggiungere. La visione è così critica per raggiungere il successo che anche la bibbia ha detto che senza di essa, si fallisce, soffre e perisce. Sì, è così grave. È la visione (sogno) che dà impulso alle tue azioni e missioni. E 'ciò che guida i tuoi pensieri, azioni, sforzi e, in larga misura, la tua' esistenza '. Permettimi di dire che la tua visione è la tua vita.

Poi, le visioni vengono generate da situazioni. Ad esempio, fu lo stato sconcertante di Gerusalemme che diede vita alla visione di Neemia di tornare a ricostruire e ripristinare la città. E guardate anche l'inizio della creazione; fu la mancanza di forma, la vacuità e la condizione di oscurità della terra che spinse la necessità e la visione di creare la vivace e la bella terra che seguì. La visione viene dal bisogno. Ma torneremo su questo aspetto in seguito . Ma prima, cerchiamo di definire la parola visione.

È l'immagine mentale del futuro. È un'idea, l'immagine, il sogno della situazione ideale. La nostra idea di come una cosa dovrebbe essere. Questo è come una cosa, una situazione è adesso e questo è quanto meglio credo che dovrebbe essere - questa è la visione. Un tempo di bisogno è solo un'opportunità per qualcuno di afferrare una visione/sogno che lo distinguerà da ogni altra persona. Ora, se vuoi andare più lontano o nello spirituale, lo descriverai come una rivelazione proveniente da Dio su cosa fare su una cosa o una situazione. Tutto quanto detto sopra è corretto, tutto dipende da chi lo definisce e da quale angolo provenite. La cosa più importante qui è che avete bisogno di una visione per avere successo nella vita. Dovete riconoscere dove siete adesso e avere un'immagine chiara, capire dove volete essere.

Lasciatemi anche dire rapidamente ciò prima di andare avanti. Una visione può essere spezzata in visioni più piccole. Cosa intendo? Ora, la vostra visione potrebbe essere quella di avere successo nella vita, ma questo richiederà la realizzazione di successi nell'educazione, nello sviluppo del carattere, nel successo nella carriera, nel matrimonio, nel successo nelle relazioni per arrivarci. E sarete d'accordo con me che per raggiungere il successo in uno qualsiasi di cui sopra richiede una visione e un duro lavoro. Quindi la vostra visione di acquisire un'educazione sana è parte della visione più grande di avere successo nella vita. E' molto importante notare questo perché solo il raggiungimento del successo nell'istruzione non si traduce automaticamente nell'avere successo nella vita. Ci sono fallimenti istruiti ovunque. Non li vedete? Ciò vale anche per le altre aree. Anche l'accumulazione di una sola ricchezza non fa un successo (e credo che l'abbiamo detto all'inizio). Ho personalmente incontrato e servito persone molto ricche, ma frustrate.

Adesso, come possiamo ricevere visioni? Riceviamo visioni da parte di Dio che imprime qualcosa nel nostro cuore. Può parlare o mostrare chiaramente ciò che vuole che noi facciamo o realizziamo. Dio può anche usare circostanze, eventi o situazioni per parlare con noi. Come qui, ha usato la condizione degli ebrei e dello stato di Gerusalemme per parlare con Neemia. Quando Neemia sentì che le cose non andavano bene con il suo popolo a casa; che erano in difficoltà, vergogna e disgrazia, diventò molto triste. Pianse, digiunò e pregò, e durante questo periodo afferrò la visione di tornare indietro e ricostruire le mura rotte e la città bruciata. Dio impresse ciò nel suo cuore.

Quelle che Dio aveva predestinato di usare saranno sempre in anticipo preparate e posizionate per l'incarico. Cosa intendo? Perché Neemia si sentì profondamente male, pianse, digiunò e pregò quando sentì la condizione del popolo di Dio che tornava a casa? Era l'unico ebreo in esilio in quella terra? Gli altri si sentivano profondamente coinvolti come lui? E perché era in quel momento al palazzo del re? Vedo la mano della provvidenza in tutti ciò.

Un uomo che viene chiamato per un incarico vedrà oltre gli altri. Percepirà oltre l'ordinario quando si presenta l'occasione. Quello che gli altri vedono come naturale, ordinario, normale sarà visto come una lezione, una chiamata alla persona; egli prenderà un messaggio dalla situazione. Ciò che è dentro di lui sarà scatenato e comincerà a spalancarsi per espressione. Di solito è innato. Perché è in voi, ha un modo di cercare l'espressione o manifestarsi anche prima del vero e proprio tempismo divino. Guardate Mosè, quando vide che gli israeliti stavano attraversando l'Egitto, la cosa in lui lo spinse immediatamente all'azione. Una volta uccise un egiziano che stava maltrattando un israelita, e in un altro momento ammonì gli israeliti di amarsi. Stava già afferrando la visione per il suo mandato divino. Era in lui. Poi, guardate Gesù, anche come piccolo ragazzo, che stava già insegnando agli anziani e amava stare nella sinagoga. E così via.

Neemia ha preso la visione che le mura, la città e il popolo di Dio non devono per sempre restare in rovina, nella vergogna e in disgrazia. Deve andare a ricostruirli. Le visioni naturalmente provengono dal bisogno. Sì, è necessario che provochino e i sogni inneschino azioni che in ultima analisi producano successo! Che cosa c'è attorno a voi ora? Ci sono delle necessità? Ci sono vuoti che vogliono essere riempiti? Non siete soddisfatti del modo in cui vanno le cose? Poi, vedo che prenderete una visione oggi. Dio sta imprimendo nel vostro cuore ora ciò che dovete fare per salvare la situazione, per fornire le risposte e le soluzioni. Le visioni offrono soluzioni e le soluzioni vi portano in cima!

Progetto

Neemia pianificò adeguatamente il suo viaggio e la missione a Gerusalemme. Sì, lo fece! Dio gli diede la visione, egli pregò, ma ebbe anche bisogno di un piano dettagliato e affidabile per eseguire con successo la visione. La visione vi muoverà ad agire e la prima cosa sarà quella di chiedervi come fornire la soluzione al bisogno? Come comportarsi? Il come è la pianificazione. Dobbiamo pianificare per avere successo. Se non riusciamo a pianificare, allora abbiamo pianificato di fallire. Vero. Mostratemi qualche buon, grande e duraturo successo e vi mostrerò un progetto che è stato minuziosamente, coerentemente, adeguatamente pianificato.

La pianificazione è semplicemente la progettazione di come una visione verrà applicata o eseguita. È proprio come quando si entra in un progetto di costruzione. Avete l'immagine mentale di quello che volete. Poi lo buttate giù in disegni che mostreranno le varie componenti della struttura, le misure, la qualità e quantità dei materiali necessari e la quantità di lavoro che necessiterà. Come nella costruzione così è nel perseguire visioni di vita. E penso che sia stato anche quello che Gesù stava dicendo quando disse che un uomo che entra in un progetto di costruzione deve in primo luogo contare i costi. E' nel progetto di avere un'idea di cosa vi prende e dei dettagli di come andrete a raggiungere la vostra visione.

Molte persone, inclusi i cristiani, commettono l'errore di entrare nei progetti senza un'adeguata pianificazione. Non c'è da meravigliarsi che falliscono, falliscono e falliscono ancora. Semplicemente pregano e saltano in esso. Sbagliato! Qualunque cosa sia la missione, dovete avere la visione chiara, pianificare molto bene prima di farla. Ora, prima di tornare a Neemia e alla sua missione, impariamo un po' da Dio. Prima di iniziare la creazione, la bibbia ha detto che il suo Spirito aleggiava sulla superficie della terra. Dopo di che, cominciò a dire sii ed è. Ora, perché lo Spirito si è mosso prima della creazione effettiva? Se conoscete Dio molto bene, scoprirete che non sarà mai coinvolto in alcuna impresa frivola. Ogni mossa che Lui fa o qualsiasi cosa dica ha sempre implicazioni molto pesanti; anche quando sembra semplice.

Il periodo di mutamento era il tempo in cui Dio visualizzò e progettò cosa fare con la terra allora inesatta, vuota, informe, improduttiva e caotica. Vero. Adesso per sostenerlo, basta guardare come è stata ordinata la creazione, proprio fin dal primo giorno. Pensate che tale tipo di organizzazione perfetta possa essere raggiunta senza pianificazione? Impossibile! Guardate come tutto è caduto a pennello. Infatti, Egli ha innanzitutto introdotto tutto, compreso quello che l'uomo userà prima di dire "facciamo l'uomo." Dio è estremamente organizzato. Sì, può fare tutte le cose, possiede tutte le cose, ma ancora pianifica.

Guardate anche quando l'uomo cadde, immediatamente creò dei vestiti da pelli di animali per Adamo e sua moglie. Aveva già dei piani per quello perché sapeva che sarebbe accaduto. Vero. Lui sapeva. Anche il libro dell'Apocalisse ci ha detto che Gesù era un agnello ucciso prima della fondazione del mondo. Guardatelo in Apocalisse 13:8

"...scritti fin dalla creazione del mondo nel libro della vita dell'Agnello che è stato immolato."

Gesù è stato sacrificato ancor prima che il mondo cominciasse! Wow! Avete sentito? Misteri divini! Una rivelazione davvero! Egli pianifica in anticipo. Pianifica per anni, secoli e per l'eternità. È solo un pianificatore perfetto che avrebbe potuto dire ad Abramo centinaia di anni prima che accadesse che i suoi discendenti sarebbero stati schiavizzati per quattrocento anni e dopo che avrebbe usato una mano forte per farli uscire con grande ricchezza. Dio Mio! E questo era esattamente quello che fece in Egitto nella notte di Pasqua. Egli miracolosamente, ha drammaticamente portato gli israeliti fuori dalla terra con grande ricchezza.

Guardate cosa successe mentre si avvicinò il tempo della loro liberazione. La nascita di Mosè, la sua protezione sul fiume Nilo infestato dai coccodrilli. La sua adozione e l'addestramento nel palazzo e il diventare esperto di arte Egiziana. Tutto fu divinamente progettato ed eseguito. Guardate il suo desiderio e visione di salvare il suo popolo, il suo incontro con Dio sul Sinai, ecc. Tutto fu ben progettato, azionato e perfettamente e tempestivamente eseguito. Progettare! Allora, cosa dite quando Dio inizia personalmente a dirigere Israele su come marciare e sconfiggere i propri nemici? Lo troverete dappertutto nelle Scritture. Egli dice loro dove e come combattere il nemico. Dio non fa nulla senza progettazione e vuole che noi siamo esattamente come lui.

Dobbiamo pianificare, preparare e posizionarci per la missione. Non avete successo per caso. No! Eccellete tramite un disegno; sia umano che divino. Quando vedete un buon prodotto, non c'è bisogno di nessuno che vi dica che è stato coinvolto in un sacco di pensieri, progettazioni, disegni e di duro lavoro. Questo principio si applica anche ad ogni altra cosa della vita. Penso che una di queste aziende automobilistiche dica che è un buon pensiero che porta ad un buon prodotto. Ora torniamo a Neemia. Programmò bene il suo viaggio e l'incarico a Gerusalemme sin dal primo giorno. Potreste trovare questo nel contenuto della sua richiesta proveniente dal re. Basta guardarlo:

"Poi dissi al re: "Se il re è disposto, <u>mi si diano delle lettere per i governatori d'oltre il fiume affinché mi lascino passare ed entrare in</u> Giuda. E <u>una lettera per Asaf, guardiano del parco del re, affinché mi dia del legname. Mi servirà per costruire le porte della fortezza annessa al tempio del SIGNORE, per le mura della città, e per la casa che abiterò"</u>. Il re mi diede le lettere, perché la benefica mano del mio Dio era su di me."

Neemia 2:7-8

Fece richiesta per la lettera di passaggio (visto) in modo da non aver problemi sul suo cammino. Almeno per consentirgli di raggiungere la sua area di missione in modo sicuro. Richiese una lettera al gestore amministrativo in modo che avrebbe avuto abbastanza provviste per la missione. Gli fu anche fornita sicurezza, scorta adeguata. Il re gli diede degli ufficiali dell'esercito per proteggerlo. E quando arrivò a Gerusalemme, gli operai, il popolo era pronto per iniziare l'opera. Pianificò i materiali, gli uomini, la protezione, gli alloggi e i movimenti. Quando raggiunse Gerusalemme, divenne molto evidente che Neemia era totalmente preparato per il lavoro - spiritualmente, mentalmente e fisicamente. Non c'è da meravigliarsi che l'intero compito fosse finito incredibilmente in un tempo record di cinquantadue giorni! Ricostruendo completamente una città bruciata e le sue mura distrutte che sono state in rovina per tanti anni in quel periodo? E' inconsueto!

Quando si pianifica bene, l'attività diventa più facile da eseguire. Un buon piano è buono come la metà del lavoro. Un buon piano minimizza lo spreco di tempo, sforzi e materiali. Avete mai visto un compito, forse un edificio o addirittura un viaggio che non fosse ben programmato? È sempre una montagna di confusione, frustrazioni, rabbia, errori, colpe, spreco di tempo e materiali; perché spesso correggerete, tornerete indietro e andrete avanti. La pianificazione è molto cruciale per il nostro successo. Anche con molta preghiera e favore, se non si pianifica bene, è possibile ancora fallire. Se Dio onnipotente e onnisciente pianifica, allora, chi siete voi per non farlo?

Neemia anche era molto meticoloso. Prestò attenzione ai dettagli. Nella vostra pianificazione (come anche nella visione e nel lavoro), prestate attenzione a ogni dettaglio. Tutto conta. Non commettete mai l'errore di sottovalutare qualsiasi cosa, non importa quanto insignificante possa sembrare. Non date nulla per scontato. Ciò che sottovalutare oggi potrebbe essere l' "elemento rivoluzionario" domani. Ho scoperto che le persone di successo sono spesso meticolose. Prestano attenzione ai dettagli. Ora, avete pianificato quel progetto che avete intenzione di intraprendere? Avete un piano per quella visione, quel ministero, per la vostra vita?

Allora, mettete i piani nelle mani di Dio. E' interessante che dopo aver ricevuto tutto il favore e pianificato con successo il viaggio, Neemia riconobbe francamente che tutto andò bene perchè la mano di Dio fu su di lui. Amo ciò! Sì, potete fare la fantastica pianificazione e se Dio non la sostiene, sicuramente fallirà. Vero. Ecco perché dovete considerarLo sin dall'inizio alla fine. Avete notato che fu ciò che Neemia fece? Continuò a pregare. Anche quando vi chiede qualcosa e state per rispondere, egli mormora preghiere. Wow! Alcuni uomini sono davvero grandi e profondi! Non c'è da meravigliarsi che non abbia fallito. Ma come poteva?

Dio e i suoi interessi devono essere pienamente portati avanti nella vostra pianificazione se volete veramente riuscire. È lui che vi ha dato la visione. E' lui che vi aiuterà a pianificare bene. E lui è anche quello che vi aiuterà a eseguire il piano. PortateLo con voi. Infatti, la bibbia chiede chi sia l'uomo che parlerà e accade quando il SIGNORE non ha parlato. E voi potete metterla in questo modo: "Chi è quell'uomo che pianificherà e succederà quando Dio non lo ha approvato." Ci dev'essere 'la gioia di Dio' e la Sua approvazione nella vostra progettazione se volete arrivare in cima.

Tempismo

Il tempo è molto importante per raggiungere il nostro successo e il nostro amico Neemia comprese ciò. Mise a punto tutto quello che fece con quel progetto. Prese tempo quando ricevette il doloroso messaggio da Gerusalemme, quando ha rivelò la situazione al re, cronometrò il suo soggiorno a Gerusalemme, la sua partenza e anche il completamento del progetto. Il tempismo è molto importante se volete avere successo. Il tempo è importante quando si tratta di Dio e dell'uomo; anche se la differenza è che il tempismo di Dio è spesso differente da quello dell'uomo. Ci inseriamo nel Suo tempismo. Ma allo stesso modo, le Scritture hanno reso molto chiaro che c'è tempo per tutto nell'universo.

Come abbiamo visto con Neemia, c'è un tempo per sognare, un tempo per preghiera, un tempo per digiunare, un tempo per pianificare, un tempo per muoversi e un tempo per lavorare. Se si abusa di uno qualsiasi di questi periodi, si avranno problemi nelle mani e ciò può influenzare seriamente i risultati. Non è possibile utilizzare il tempo di agire per sognare o pianificare. No! Non è possibile utilizzare il tempo per pianificare per eseguire. E non potete restare indietro quando dovreste partire o andare via. No! Ogni visione ha un tempismo e un posto. Questo è molto importante per quello che stiamo dicendo qui. Dovete sapere quando sognare, quando pianificare e quando lanciasi nell'esecuzione. La misurazione del tempo ha molto a che fare con il nostro successo. Come gestite il vostro tempo? Come vi inserite nel tempismo di Dio? La bibbia ha detto che **"la visione è per un tempo determinato."**

Se avete conosciuto Dio, attestereste che Egli ha tempo per quasi tutto ciò che fa e, a volte, quando Lo perdete diventa un problema. Tornate alla creazione. Ha misurò il tempo dell'intero processo **di creazione giorno uno**, giorno **due, tre, quattro, cinque, sei e sette**. Nessuna attività si sovrappose all'altra. Abbiamo già parlato di Lui che dice ad Abramo che il Suo discendente trascorrerà **quattrocento anni** in esilio. Quando Egli venne a benedire Sara con un figlio, disse loro: "Da **questa volta**

l'anno prossimo, ritornerò, e tua moglie Sara avrà un figlio."

Quando decise di far uscire con forza gli israeliti dalla schiavitù egiziana, disse loro che arrivava nel mezzo della **notte**. Quando voleva abbattere le mura di Gerico gli disse di marciare intorno ad esse **13 volte** (sei più sette). Quando le cose erano così difficili per Israele, parlò con Eliseo del fatto che avrebbe messo sottosopra le cose "ormai **domani**'. Quando Geremia intercesse per il suo popolo, Egli disse che dopo la permanenza a Babilonia li avrebbe visitati per **settanta anni**. E quando il re Giosafat pregò per il suo intervento, Egli disse a lui e al popolo di Giuda: "**domani** marcerete contro di loro."

Tempismo! Ecco Dio per voi! Egli lavora con il tempo. E se dovrete lavorare con Lui, se volete avere un successo non comune, dovete entrare in questo principio divino del tempo. E non misurate soltanto il tempo, dovete essere coscienti della tempistica divina. Sappiate quando Dio vuole che vi muoviate e quando vuole che restiate. Ciò farà certamente la differenza. Ci sono momenti di opportunità divine e porte aperte. Vero. Non dovete perderli. Quando lo fate, a volte potrebbe ciò richiedere un po' di tempo o un' altro sforzo affinchè arrivi un'altra opportunità.

Per esempio, quando quell'angelo venne ad aprire le porte della prigione per Pietro; cosa succede se Pietro avesse rifiutato di uscire o seguire gli ordini dell'angelo, cosa pensate sarebbe successo? O quando pensate che un altro angelo sarebbe venuto per la stessa missione? Allo stesso modo, cosa succederebbe se alcuni israeliti avessero rifiutato di lasciare gli altri a quel punto nella notte di Pasqua, cosa sarebbe successo? Dobbiamo cercare di seguire la tempistica di Dio. La differenza tra il successo e il fallimento è spesso la nostra risposta al Suo tempo e alla Sua volontà. Guardate cosa dice Neemia qui:

"Il re, che aveva la regina seduta al suo fianco, mi disse: "Quanto durerà il tuo viaggio? Quando ritornerai?" La cosa piacque al re, che <u>mi lasciò andare, e gli indicai una data.</u>"

Neemia 2:6

Tutto fu misurato dal tempo. Ma soprattutto, egli fissò la data (tempo) per la sua partenza. C'è un tempo per iniziare a realizzare quella visione e ciò potrebbe essere ORA! Non perdete più tempo. Questo è il momento di partire, di mettersi in viaggio. Sto parlando a quella persona che ha perso tanto tempo e opportunità. Quella visione che hai portato ora parlerà nel nome di Gesù! La libero ORA! Oppure quando muori che verrà eseguita? Guardate se non scrivo questi libri adesso, allora quando? Quando sono morto?? Ditemi. Non morirò con la visione di Dio in me! Neemia partì!

Ispezionò l'Area

Quando Neemia arrivò a Gerusalemme, uscì di soppiatto nella notte, andò in città per valutare personalmente la situazione; l'estensione della distruzione e l'enormità del lavoro necessario. Penso che questo tizio fu benedetto con saggezza amministrativa. Lo fece tranquillamente, senza attirare attenzione eccessiva. I grandi risultati non attirano inutilmente e inesorabilmente l'attenzione verso le loro operazioni o sogni, specialmente su un palcoscenico che sta covando. Molte persone perdono le loro visioni a questo livello. Quando, esponete voi stessi o i sogni troppo in anticipo, potreste rischiare di perderli o distruggervi. Questo fu l'errore che Giuseppe fece. In modo infantile, innocentemente, prematuramente, in modo eccitato condivise i suoi sogni con i suoi fratelli e per invidia e odio quasi riuscirono a distruggere lui e i suoi sogni. Ricordate nel deserto che dissero: "uccidiamo lui e vediamo cosa che ne sarà dei suoi sogni!" Vi prego, i "fratelli di Giuseppe" sono ancora vivi oggi e sono ovunque. Sono tutti intorno a voi. Vi prego, fate attenzione. Siate saggi. Anche Dio mantiene la maggior parte dei Suoi piani a Sè stesso. Vero. Anche le Scritture dicono che le cose segrete appartengono a Dio. Egli mantiene così tanto i segreti. Forse questo è parte del motivo per cui Ha successo. Non lasciatelo finché non è il momento!

Ho avuto questa terribile esperienza quando stavo scrivendo il mio secondo libro. Ho avuto un amico ministro più anziano con cui condivisi l'argomento e la mia visione sul lavoro. Pensavo di essere in buone mani, ma prima di averlo saputo, l'uomo aveva scritto frettolosamente sullo stesso argomento e aveva usato la sua posizione per diffonderlo in tutta l'intera nazione. Immaginate! Ci rimasi male. Mi sentiì tradito. Ma quando siete benedetti, siete veramente benedetti! Ho chiamato il coraggio e completato quel lavoro e quando passate in rassegna il mio lavoro saprete che è l'originale, ispirato e una benedizione per la chiesa. L'imitazione non può mai essere come l'originale! Basta che siate voi stessi, pregate, siate sinceri e lavorate duramente, nessun uomo sarà in grado di prendere il vostro posto. Non condividete i vostri sogni con tutti. Non diffondeteli prematuramente, a meno che non desideriate perderli o distruggere voi stessi.

Neemia tenne la sua missione alla larga dagli altri finché non ebbe finito di pianificare, controllare, indagare e valutare l'attività da svolgere. Ascoltatelo:

"Così giunsi a Gerusalemme, mi alzai di notte, presi con me pochi uomini. <u>E non parlai a nessuno di quello che Dio mi aveva messo in cuore di fare per Gerusalemme.</u> Non avevo con me altra cavalcatura oltre a quella che usavo. Uscii di notte per la porta della Valle, e mi diressi verso la sorgente del Dragone e la porta del Letame, osservando le mura di

Gerusalemme, quanto erano rovinate e come le sue porte erano consumate dal fuoco. Passai presso la porta della Sorgente e il serbatoio del Re, ma non c'era posto per cui potesse passare la mia cavalcatura. Allora risalii di notte la valle, sempre osservando le mura; poi, rientrato per la porta della Valle, me ne tornai a casa.

Le autorità non sapevano né dove fossi andato né che cosa facessi, <u>fino a quel momento, io non avevo detto nulla a nessuno dei miei piani.</u> Né ai Giudei né ai sacerdoti né ai notabili né ai magistrati né ad alcuno di quelli che si occupavano dei lavori."

Neemia 2:11-16

Ora, quando fu doppiamente sicuro che il lavoro avrebbe preso il successo, che fosse a prova di fallimento, allora riunì i leader politici, religiosi e la gente e condivise la visione con loro. Il risultato fu fantastico. Poiché furono impostati un contesto spirituale, fisico e strategico, la risposta delle persone fu molto positiva.

Condivisa la vostra visione, coinvolgete gli altri

Dovete coinvolgere gli altri nel vostro sogno se volete veramente che si estendano oltre voi. Ci sono persone che Dio ha riservato per aiutarvi a interpretare e realizzare quella visione. Dovete devotamente identificarli; condividere con loro il sogno (al momento giusto) ed eventualmente collaborare con loro per farlo andare avanti. Non è ogni sogno che può essere gestito da una persona. Alcune visioni sono al di là del sognatore, di una famiglia o di semplici amici. Ci sono sogni molto grandi e pesanti che sono in grado di rompere chiunque voglia mantenerli o amministrarli da solo. Sì! Neemia coinvolse gli altri. Ma prima di tornarci, vediamo innanzitutto come altri lo fecero.

Gesù

Guardate il ministero di Gesù Cristo. Con tutta la sua saggezza, l'unzione e la natura divina, non poteva eseguire la missione da solo. Dopo l'esperienza dei quaranta giorni e quaranta notti (dove ricevette il programma), scese da lì e immediatamente iniziò a pescare le persone che lo avrebbero aiutato a realizzare la visione. Aveva i dodici apostoli, i centoventi discepoli, i suoi seguaci, i discepoli segreti come Nicodemo e Giuseppe di Arimatea. Anche tra gli apostoli aveva ancora Pietro, Giacomo e Giovanni come confidenti più vicini. Tra gli altri c'era anche il caro Giovanni. E tra i seguaci femminili, Maria e Marta che erano nella loro categoria. Sarebbe sempre andato al loro posto per rinfrescarsi.

Per favore, non chiedetemi se erano cuoche meravigliose o no perché non lo so. Ma il fatto è che hanno trovato il favore e la fiducia davanti al SIGNORE. Poi ci fu anche Giuda il ladro, il traditore che era lì per compiere la propria parte ignobile della missione. Ci sono stati diversi livelli e tipi di sostenitori della visione, compagni e aiutanti per Lui. Tutti avevano un ruolo da svolgere. Quando pregate, Dio li porta a aiutarvi a raggiungere quel sogno. Ogni visione, sogno ha i propri aiutanti divinamente designati in attesa di essere scoperti e portati a bordo.

Mosè cercò di andare da solo

Il grande Mosè cercò di fare tutto da solo e si sarebbe distrutto. Grazie a Dio che aveva un suocero molto saggio a Jetro che gli consigliò di delegare i compiti ad altri.

Condividete la visione. Penso che questo passaggio sia uno dei luoghi migliori che insegnano a proposito della visione - aiutando e delegando i doveri in tutte le scritture, perciò permettetemi di finire tutta la storia, vi prego! Me lo permettete? Ci sono grandi lezioni e dichiarazioni che dobbiamo vedere qui:

"Il giorno seguente, Mosè si sedette per amministrare la giustizia al popolo. Il popolo rimase intorno a Mosè dal mattino fino alla sera. Quando il suocero di Mosè vide tutto quello che egli faceva per il popolo, disse: <u>«Che cosa fai con il popolo? Perché siedi solo?</u> Tutto il popolo ti sta attorno dal mattino fino alla sera."

Mosè rispose a suo suocero: «Perché il popolo viene da me per consultare Dio. Quando essi hanno qualche questione, vengono da me e io giudico fra l'uno e l'altro. Faccio loro conoscere gli ordini di Dio e le sue leggi». <u>"Quel che fai non va bene!" esclamò suo suocero. "Tu ti esaurirai certamente e stancherai anche questo popolo che è con te. Questo compito è troppo pesante per te; tu non puoi farcela da solo.</u> Ascolta la mia voce; io ti darò un consiglio, e Dio sia con te. Sii tu il rappresentante del popolo davanti a

Dio, e porta a Dio le loro cause. Insegna loro i decreti e le leggi, mostra loro la via per la quale devono camminare e quello che devono fare. <u>Ma scegli fra tutto il popolo degli uomini capaci e timorati di Dio: degli uomini fidati, che detestino il guadagno illecito. Stabiliscili sul popolo come capi di migliaia, capi di centinaia, capi di cinquantine e capi di decine.</u> Essi dovranno amministrare la giustizia al popolo in ogni circostanza. Essi riferiscano a te su ogni questione di grande importanza. Ma ogni piccolo affare lo decidano loro. <u>Così alleggerirai il tuo carico, ed essi lo porteranno con te."</u>

Esodo 18:13-22

Wow! Grande saggezza davvero! Sì, vi aiuteranno a portare il carico e rendere più facile il vostro compito! Vero! Questa è la ragione per condividere la vostra visione con gli altri, farli salire a bordo e delegare loro i doveri e le autorità. Non potete farlo da solo, specialmente se la visione aumenterà. In una certa misura si può andare come individuo e c'è anche il livello di espansione e di successo che raggiungerete se coinvolgerete gli altri. Anche se, dovete sceglierli attentamente e piamente. La bibbia ha sostenuto questo principio quando ha detto che,

"Cinque di voi ne inseguiranno cento, cento di voi ne inseguiranno diecimila!"

Levitico 26:8

Moltiplicazione del successo e attività! Avete capito? Amo tornare sempre alle Scritture. Non potete confrontare la saggezza collettiva e diversificata, il risultato, l'impegno, i contatti e la forza di molti con quello di un uomo. Mai! Più gente c'è e meno è il peso, più breve sarà il tempo e maggiore successo che si otterrà. Coinvolgete gli altri, per favore. Estendete!

Neemia ebbe questa saggezza. Tornò e condivise il suo peso e la sua visione con il suo popolo; la acquisirono e con entusiasmo si unirono a lui per realizzare il compito. Non c'è da meravigliarsi che il compito sia stato eseguito con successo in un tempo record.

"Allora dissi loro: "Voi vedete in che misera condizione ci troviamo. Gerusalemme è distrutta e le

sue porte sono consumate dal fuoco. Venite, ricostruiamo le mura di Gerusalemme, e non saremo più nella vergogna!" Raccontai loro come la benefica mano del mio Dio era stata su di me, e riferii le parole che il re mi aveva dette. Quelli dissero: "Bene! Sbrighiamoci e mettiamoci a costruire!" E si fecero coraggio con questo buon proposito."

Neemia 2:17

Siete benedetti? Conosciamo ciò. Inviatemi una e-mail immediatamente: gabrielagbo@yahoo.com o chiamate: +234-8037113283. Ora, andiamo al lavoro!

Duro Lavoro

Niente prende il posto del lavoro duro. Lavorare è quando si inizia a eseguire la visione come previsto. Dopo aver ricevuto la visione, sognate di progettarla, poi andate a lavoro. Se non lo fate, allora la visione rimane un sogno perché non si concretizzerà. Il lavoro in altre parole è l'interpretazione fisica della visione. Neemia e il suo popolo hanno lavorato così duramente per portare quella visione di ricostruire le mura e la città di Gerusalemme per passare. Dobbiamo lavorare duramente, molto duramente, se vogliamo far nascere la visione che Dio ci ha dato. Mostratemi un uomo di successo e vi mostrerò un duro operaio.

Grazie a Dio non si fermò alla scena del sogno. Ha pianificato e subito è andato al lavoro e conseguentemente ha ottenuto grande successo. Successo grandioso, inconsueto! Credo che tutti dovremmo imparare questo da Dio Stesso. Dopo aver rimuginato, aleggiato sulla terra, è andato a lavorare eseguendo la sua visione di una nuova e bella terra. Ha lavorato così duramente che ha deciso di riposarsi il settimo giorno. Vi prego, non chiedermi se fosse stanco perché non lo so. Ma la bibbia disse che si riposò. E solo una persona che ha impiegato energia, ha lavorato molto duramente che parlerà di riposo. Dio ha lavorato e sta ancora lavorando. O pensate che sia facile gestire questo vasto universo? Egli osserva la sua creazione giorno e notte.

Quindi, se siete di Dio, come Lui, dovete lavorare e lavorare molto duramente. Alcune persone commettono l'errore di catturare una visione e pregare soltanto su di essa. Vi dicono che Dio prenderà il controllo o riprenderà da lì. No! Non funziona così. Anche dopo aver pregato, dovete pianificare e trovare una soluzione; con l'aiuto di Dio. Quando lavorate, mostrate semplicemente l'immagine creativa e la somiglianza di Dio. Dio vuole benedirvi, ma dice che benedirà le opere delle vostre mani. Egli benedirà quello che fate! Non è nelle vostre Scritture? Voi pianterete e annaffierete, ma Egli farà in modo che crescerà. Dio non sta venendo a piantare e annaffiare per voi. Dovreste farlo voi. L'implicazione è che se non lavorate e non piantate Egli può non trovare ciò per cui benedirvi. Quando lavoriamo, creiamo un canale per ricevere le benedizioni di Dio.

Ora, avete anche notato che quando Dio vuole darvi un miracolo, spesso vuole che voi siate parte di esso? Vi dice di fare una cosa o l'altra fisicamente per dimostrare la vostra fede. Lavorare rappresenta le dimostrazioni esterne e fisiche del nostro credo interiore in quello che Dio ci ha detto. Penso che qualcuno nel Nuovo Testamento ha detto che vi mostrerà la sua fede attraverso il suo lavoro - quello che fa. Ha detto che la fede con il lavoro è morta. E' Giacomo? Vero. Guardate questo: Quando i re di Giuda, Israele, Edom e le loro truppe sono stati bloccati nel deserto per mancanza di acqua, consultarono Dio attraverso il profeta Eliseo e che cosa disse loro Dio? Ascoltate attentamente:

"Ed egli disse: «Così parla il SIGNORE: Fate in questa valle delle fosse. Infatti così dice il SIGNORE: Voi non vedrete vento, non vedrete pioggia, e tuttavia questa valle si riempirà d'acqua; e berrete voi, il vostro bestiame e le vostre bestie da soma"

2 Re 3:16-17 (KJV)

Andate a fare dei canali! Avete capito? Dio li ha assicurati che stava buttando giù acqua per loro, ma devono fare fosse, una stanza, uno spazio dove l'acqua verrà conservata. Quando lavorate fornite quel canale per la vostra benedizione e anche le stanze dove verranno conservate. Dobbiamo capire questo principio molto bene se dobbiamo avere successo. C'è qualcosa che Dio vi ha dato da fare; dovete lavorare molto duramente giorno e notte come Neemia se volete raggiungere il massimo successo.

Guardate Gesù Cristo. Ha lavorato così duramente. Questo è stato qualcuno con una straordinaria nascita, grazia e unzione, ma ha anche lavorato così duramente per raggiungere un successo senza precedenti. Di notte lo trovate sulla montagna a pregare. Di giorno è già in sinagoga o altrove a predicare, insegnare o a curare i malati. Anche di sabato ha continuato a lavorare. Lo avete notato? E guardate cosa è successo mentre ha guarito un uomo che fu malato per 38 anni presso la Piscina di Betzaeta in uno dei giorni del Sabbath. I capi ebrei si opposero a ciò e gli dissero che era illegale, che non poteva lavorare nel giorno di riposo. Ora ascoltate la risposta di Gesù:

«Il Padre mio opera fino ad ora, e anch'io opero»
Giovanni 5:17

O mio Dio! Riuscite a battere questo? Dio non smette mai di lavorare per cui perchè noi dovremmo? DOVETE RISOLVERE LA VISIONE! E Egli è stato quello che ci ha anche detto che dobbiamo lavorare mentre è giorno. Se dovete essere grandi, se volete avere successo, e se volete raggiungere un successo non comune, dovete lavorare molto duramente. E non solo lavorare, dovete lavorare duramente sulla visione che Dio vi ha dato. Amo il modo in cui Abacuc riassume tutto ciò che abbiamo detto qui:

"Il SIGNORE mi rispose e disse:«Scrivi la visione,incidila su tavole,<u>perché si possa leggere con facilità.</u>"
Abacuc 2:2

Prendete la visione, buttate giù gli schemi e cominciate a correre (lavorare) con essa. Questo è tutto! Coloro che ricevono visioni devono essere pronti a correre con esse. Non ci si può sedere e averla realizzata. Svegliatevi! Non potete permettervi di essere pigri o soddisfatti. Alzatevi e non fermatevi, continuate a lavorare! Dovete correre, correre e correre con essa. Dovete stare su e fare. Gloria a

Dio! Neemia ha lavorato così duramente per portare la sua visione a compimento. Gli uomini di successo sono di solito gran lavoratori. Sono mobili. Sono sempre in movimento, stanno lavorando per vedere i loro sogni realizzati. Ascoltatelo:

"Così continuavamo i lavori, dallo spuntar del giorno all'apparire delle stelle."

Neemia 4:21

Inoltre, Neemia motivò fisicamente e spiritualmente i propri compagni e lavoratori. Avete bisogno di farlo anche voi se desiderate ottenere quel livello di successo. Dovete imparare a mobilitare e motivare le persone a realizzare i vostri sogni. Ciò è molto importante. Egli ispirò altre persone coinvolgendole personalmente nel compito. Le ha incoraggiate a intermittenza con la garanzia della protezione, della previdenza e ricompensa di Dio. Questi sono molto importanti se volete che le persone si fidino e lavorino per la vostra visione. Diede indicazioni e comandi quando fu necessario. Lui era lì per loro nel pericolo e nella sicurezza, quindi si fidavano di lui.

Sacrificio

Poi, è che Neemia sacrificò molto per la realizzazione del progetto. Il successo, il successo inconsueto richiede molto sacrificio. Voi sacrificherete il vostro comfort personale, il vostro piacere. Sacrificherete talvolta il vostro tempo, il vostro ego e le vostre ambizioni minori. Ricordate che ha lasciato il suo nobile e invidiabile lavoro al palazzo di Susa per venire e cadere, lavorare su quelle mura e case bruciate e carbonizzate. Avrebbe potuto rimanere nel palazzo e divertirsi, lasciando la città e le mura affinchè le persone in rovina tornassero a casa. Dobbiamo sempre essere coraggiosi di lasciare le nostre zone di comfort per raggiungere un interesse divino più grande e collettivo. Questo è sempre dove si trovano i successi inconsueti. Gesù ha lasciato il suo posto in paradiso per venire sulla terra per pagare il prezzo supremo e ciò gli ha fatto guadagnare un raro successo - un nome che è soprattutto un nome! Non c'è successo grandioso senza sacrificio grandioso. Sì, ovunque vedete un successo straordinario; basta sapere che qualcuno da qualche parte ha pagato il prezzo. Senza sacrificio, non ci sarà grandezza. Neemia pagò il prezzo. Oltre a partecipare e controllare personalmente il lavoro, ha perduto i suoi diritti e la sua comodità solo per aiutare il suo popolo. Grande uomo!

Superare gli Ostacoli

Capitolo Otto

Superare gli Ostacoli

Dovete aspettarvi degli ostacoli sulla vostra strada per avere successo. Infatti, quando non ci sono affatto ostacoli, potrebbe essere giusto cominciare a sospettare se siete in realtà sulla buona strada. Vero. La strada verso ogni grande destino, obiettivo o realizzazione è spesso corretta con "mine". Non c'è da meravigliarsi che la bibbia vi metta in guardia chiaramente che non dovreste trovare strano il fatto di incontrate queste barriere, ma con la preghiera, la fede e il coraggio attraversatele, concentrandovi sul vostro obiettivo e raggiungete il successo. Sì, per gli ostacoli, le barriere, le opposizioni, devono venire, ma rallegratevi perché Dio ha già considerato la vostra vittoria! Lo dico ancora una volta rallegratevi!

Neemia non fu immune a questi ostacoli. Immediatamente si mosse per rendere effettiva la sua visione, i nemici si rivoltarono contro di lui. Non solo una o due volte, ma sono incominciarono all'inizio e lo aspettarono ad ogni turno. Egli lottò con l'avversario fino al completamento del progetto. E non erano solo nemici ordinari, ma quelli che erano disposti a distruggere completamente il sogno e il sognatore. Ascoltate Nehemia:

"Mi recai presso i governatori d'oltre il fiume, e diedi loro le lettere del re. Il re mi aveva dato una scorta di ufficiali e di cavalieri. <u>**Ma quando Samballat, il Coronita, e Tobia, il servo ammonita, furono informati del mio arrivo, furono molto contrariati dalla venuta di un uomo che cercava il bene dei figli di Israele.**</u>"

Neemia 2:10

Tobia e Samballat

Sì, i nemici - Tobia e Samballat si arrabbiarono che qualcuno fosse venuto ad aiutare il popolo di Dio. Infatti, la bibbia ha precisato la loro sensazione. Disse che erano **molto arrabbiati.** Ascoltate, ogni visione, progetto, missione, in particolare dati da Dio, quella che aiuterà la gente attirerà sempre la rabbia del nemico. E ogni visione ha il proprio Tobia e Samballat. Se state compiendo una visione e non è stata contrastata dal nemico, allora controllate bene se questa particolare visione viene in realtà da Dio. Ogni progetto divino deve essere attaccato dal nemico. E posso dirvi subito perché. È perché ogni realizzazione del progetto di Dio è un esaurimento del regno di Satana, ed esso ricorda anche la sua sconfitta definitiva. Quindi egli combatte i progetti di Dio per distruggerli con tutto quello che ha a disposizione. Voglio dire tutto! E la vostra non sarà un'esclusione.

Tobia e Samballat erano molto arrabbiati che Neemia veniva a ricostruire le mura rotte e la città di Gerusalemme. E ogni visione ha il proprio Tobia e Samballat. Possono essere spirituali o fisici. Ma comunque si manifesti, la cosa più importante è che viene da un'unica fonte - Satana. Satana è il nemico numero uno di Dio e dell'uomo. Anche quando vedete delle manifestazioni esteriori, la persona dietro tutto è ancora Satana il Diavolo. Sì! Se stanno competendo contro il vostro matrimonio, contro i vostri affari, il vostro ministero, la vostra famiglia, la vostra salute, le vostre visioni, la vostra gioia, ecc., vengono tutti da lui. Egli odia Dio e l'uomo e si appassionerà e attaccherà sempre i loro progetti. Quindi, ogni altra volta che vi trovate di fronte ad avversari, vi prego di guardare oltre l'agente umano e vedere il pianificatore madre. E quello che dovreste fare per prima cosa è di rimproverarlo e legarlo, quindi, affrontare l'aspetto umano e fisico di esso. Grazie a Dio Neemia ha fatto proprio questo e lui è riuscito!

Ora, stranamente, abbiamo trovato queste diverse fasi di opposizione al nostro successo nell'esperienza di Neemia e vogliamo commentarli una dopo l'altra. Lo facciamo? OK, andiamo:

Rabbia

I nemici si erano arrabbiati con la visione di Neemia e con il coraggio di cercare di ricostruire la città in rovina. Aspettatevi la rabbia dei nemici ogni volta che tentate di avanzare nel vostro destino o nella visione. Vogliono che voi retrocedete e non andate avanti. Vogliono che rimaniate come siete, o al massimo, allo stesso livello loro. Ogni mossa che volete fare verso il vostro successo li farà certamente arrabbiare. Naturalmente le persone non incoraggiano gli altri a muoversi sopra di loro, e spesso si manifesta come rabbia e invidia in essi. Guardate quando Giuseppe raccontò ai suoi fratelli i suoi sogni, lo odiavano e cercavano di uccidere lui e i sogni. Ricordate quello che dicevano mentre li affrontava a Dothan,

«Ecco, il sognatore arriva! Forza, uccidiamolo e gettiamolo in una di queste cisterne. Diremo poi che una bestia feroce l'ha divorato. E vedremo che ne sarà dei suoi sogni!»

Genesi 37:19-20

Lo avete sentito? Grazie a Dio che il fratello Reuben fu divinamente messo per salvarlo; altrimenti lo avrebbero massacrato in quel bosco. Quale fu il problema? I suoi sogni! Le sue visioni per diventare un uomo di successo provocarono rabbia e gelosia nei suoi fratelli. Ed ora stava per trasformarsi in complotto, omicidio e occultamento. La vostra visione può far arrabbiare i nemici e possono non fermarsi davanti a nessun ostacolo. Fate attenzione e pregate. Grazie a Dio Neemia e Giuseppe sopravvissero a questo. Alcune persone non lo hanno fatto. Ci sono persone che sono state eliminate solo subito dopo aver annunciato le loro visioni. Vero.

Guardate anche Gesù bambino; Scampò per un pelo e miracolosamente alla morte quando i saggi annunciarono a Erode che avevano visto la stella del nuovo re degli ebrei. Ci volle un piano di manovra divina affinchè Dio lo salvasse dalla rabbia di Erode. Erode fece tutto per liberarsi di Gesù e quando fallì, ordinò immediatamente il massacro di migliaia di bambini innocenti a Betlemme e vicino Betlemme, aspettandosi che Gesù sarebbe stato colpito. Non c'è limite a quello che la rabbia e la gelosia possono fare. Sicuramente, le persone saranno arrabbiate con la vostra visione e alcune di esse non possono mai sapere perché verranno con un volto sorridente. Vi prego, siate vigili e andate avanti.

Derisione

Ogni progetto dato da Dio viene deriso da Satana. Sì, ho detto Satana perché è in realtà la persona che sta dietro a tutto. La derisione può essere molto dolorosa e frustrante. Infatti, anche Gesù non lo trovò facile quando fu ridicolizzato. Le stesse persone che è venuto a salvare lo hanno ridicolizzato a ogni momento. Lo chiamarono usurpatore, falso, re dei demoni, bugiardo, impostore, ingannatore. E anche sulla croce, uno dei ladri che impiccato là Lo derise. Grazie a Dio Egli rimase devoto, concentrato, impegnato nella sua visione che era quella di salvare l'umanità.

Questo è solo quello che dovete fare ogni volta che venite derisi; dovete restare preghiera, concentrarvi e impegnarvi nella vostra visione. Non c'è un grande destino o una visione di successo che non sia stata derisa. E talvolta, questa ridicolizzazione proviene da ambienti inaspettati o anche di fiducia. Ora, se rimanete concentrati, tutte le persone che vi hanno deriso torneranno indietro per lodare e gioire con te quando riuscite. Alcuni arriveranno anche per aiutare come i fratelli di Giuseppe. Successo è la parola vincente! Ricordate anche che le stesse persone che uccisero e schernirono Gesù mentre veniva appeso alla croce, quasi subito, si girarono per lodarlo mentre vedevano i grandi segni dopo che tirò le cuoia. Ascoltate questo:

" **E Gesù, emesso un alto grido, spirò. Ed ecco il velo del Tempio si squarciò in due da cima a fondo. La terra si scosse, le rocce si spezzarono...Il centurione e quelli che con lui facevano la guardia a Gesù, sentito il terremoto e visto quel che succedeva, furono presi da grande timore. E dicevano: «Davvero costui era Figlio di Dio!»**

Matteo 27:50-54

Avete sentito? Le stesse persone, la stessa bocca, la stessa sede. Solo in pochi minuti, perché hanno visto le dimostrazioni soprannaturali, hanno cominciato a riconoscere l'uomo come il Figlio di Dio! Quello è l'uomo per voi. Coloro che perseguitano, deridono e lavorano contro di voi presto cominceranno a lodare Dio con voi! Ma dovete aver coraggio e cercare di portarla alla fine di successo. Siate forti e concentrati!

Quando sentirono la visione di Neemia di andare a ricostruire la città rotta e bruciata di Gerusalemme, si arrabbiarono, e quando videro che il lavoro effettivo fu cominciato, lo derisero. Ascoltateli:

«Quando Samballat udì che noi costruivamo le mura, si adirò, s'indignò moltissimo. Si fece beffe dei Giudei, e disse in presenza dei suoi fratelli e <u>dei soldati di Samaria</u>: "Che fanno questi Giudei indeboliti? Li lasceremo fare? Offriranno sacrifici? Finiranno in un giorno? Faranno forse rivivere delle pietre sepolte sotto mucchi di polvere e consumate dal fuoco?"

Tobia l'Ammonita, che gli stava accanto, disse: "Costruiscano pure! Se una volpe ci salta sopra, farà crollare il loro muro di pietra!"

Neemia 4:1-4

Reale derisione! E voi notate qualcosa qui? Prima erano **arrabbiati**, poi fluì la **collera** e più tardi diventeranno **furiosi**. Condizione graduale! Lo stesso accadde al loro gruppo. In primo luogo, fu Tobiah e Samballat, poi Geshem l'Arabo che si unì, e poi diventarono una moltitudine. A volte l'opposizione potrebbe aumentare, ma questo non dovrebbe scoraggiarvi. Colui che è con voi, Colui che vi ha dato la visione è più grande di tutte le opposizioni che possono mai riunire contro di voi!

La risposta di Neemia agli sbeffeggiatori è che il Dio del cielo li aiuterà a realizzare la visione. E Lo ha fatto! Gloria a Dio! E ancora, pregò. La preghiera è la chiave! Vi prego ascoltatelo soltanto:

"Ascolta, o Dio nostro, come siamo disprezzati. Fa' che i loro oltraggi ricadano sul loro capo ed esponili al disprezzo in un paese di deportazione! Non perdonare

la loro colpa. E non sia cancellato davanti a te il loro peccato; poiché hanno provocato la tua ira in presenza dei costruttori."

Neemia 4:4-5

Si basò tanto sulla preghiera e su Dio. Pregò a ogni momento. A ogni ostilità e sfida pregò. Preghiera, preghiera, preghiera! Prendete i miei libri ***Il Potere della preghiera di Mezzanotte e La Preghiera di*** Giosafat per catturare lo spirito della preghiera. E' molto importante. Neemia ha pregato affinchè la sua visione si compisse. Pregò che i suoi nemici si togliessero di mezzo. Pregò il favore di Dio e dell'uomo su di sé e sul suo progetto. Dovete pregare e pregare ancora se volete veramente avere successo.

Rifiutarsi di Aiutare

Mentre lottate per avere successo, ci sono persone che non vi contrasteranno apertamente ma nemmeno aiuteranno. Neemia patì tutto ciò. Il popolo di Tekoa aiutò nel lavoro, ma i loro capi rifiutarono di farlo. Per esempio, furono queste persone che ripararono la parte di fronte alla grande torre in progetto e al muro di Ofel. Ma i loro capi rimasero in disparte. Perché? Ci potrebbero essere molte ragioni. Alcune persone potrebbero non aiutarvi perché non credono in voi o nei vostri sogni. Altre possono essere gelose, invidiose o possono ospitare cose (reali e irreali) nei loro cuori contro di voi. Grazie a Dio che il popolo di Tecoa sfidò i propri leader a unirsi al lavoro di Dio. La vostra fedeltà a qualunque uomo o gruppo di persone non vi priverebbe l'opportunità di fare la volontà di Dio! La vostra prima fedeltà e amore dovrebbe essere verso Dio, verso il Suo popolo e al Suo lavoro. Guardate le persone grandi:

"Accanto a loro lavorarono alle riparazioni i Tecoiti, di cui i più importanti non vollero sottomettersi a lavorare all'opera del loro signore."
Neemia 3:5

Il Combattimento contro di Noi

Ora, quando tutti questi falliti, questi nemici determinati e disperati cominciarono a fare piani su come combattere Neemia e i suoi lavoratori. Si arrabbiarono poichè quest'uomo si rifiutava di scoraggiarsi. I nemici potrebbero arrabbiarsi con voi e con i vostri sogni a volte. Vero. Odiano quando si ha il coraggio di proseguire di fronte a un'estrema opposizione. Sì, Dio ha aperto la porta per voi, ma le Scritture hanno anche avvertito che ci saranno molti avversari. E guardate, vi ho detto che i nemici stavano crescendo nel giorno:

"Ma quando Samballat e Tobia e gli Arabi, gli Ammoniti e gli Asdodei udirono che la riparazione delle mura di Gerusalemme progrediva, e che le brecce cominciavano a chiudersi, si indignarono moltissimo. <u>E tutti quanti assieme si accordarono di venire ad attaccare Gerusalemme e a crearvi del disordine. Allora noi pregammo il nostro Dio e mettemmo delle sentinelle di giorno e di notte per difenderci dai loro attacchi...I nostri avversari dicevano: "Essi non sapranno e non vedranno nulla, finché non saremo piombati in mezzo a loro; allora li uccideremo, e faremo cessare i lavori".</u>

Gli ebrei che vivevano vicino al nemico arrivarono e ci raccontarono ancora e ancora <u>"Saranno da tutte le direzioni e ci attaccheranno!"</u>

Neemia 4:7-9, 11-12

Dovete vedere la realizzazione del vostro destino come guerra, e come in tutte le guerre ci saranno molte battaglie e campi di battaglia. I nemici del vostro sogno verranno sicuramente a combattere - fisicamente, psicologicamente e spiritualmente. Vero. A volte, se falliscono in uno, ricorrono all'altro. Per esempio, se cercano di fermarvi spiritualmente e falliscono, si manifesteranno fisicamente. Oppure, se provano fisicamente e li sfidi, allora possono usare mezzi spirituali. Ma lo scopo è lo stesso - fermare voi e la visione! Porgrammarono di invadere Neemia e i suoi operai, causare confusione e fermare i lavori a Gerusalemme. Pianificarono di attaccare da tutte le direzioni. A volte le nostre opposizioni provengono da tutte le direzioni. L'obiettivo è sempre quello di circondarci e non lasciare spazio alla nostra fuga. Ma l'Eterno creerà una via di fuga e di vittoria per noi!

Noi diremo come Davide, "improvvisamente scapperemo come un uccello dalla trappola del cacciatore!" Hanno visto l'inaspettato progresso degli ebrei e si infuriarono. La stessa vecchia strategia della stessa vecchia volpe! Il nemico non è felice che continuate a marciare dopo che tutto è gettato contro di voi. Sì, dopo tutto quello che abbiamo passato! Fuggiremo! Siamo fuggiti!

Ma cosa fece Neemia? Primo, pregò. Poi mise in atto una sicurezza adeguata a proteggere se stesso e i lavoratori giorno e notte. Questo è anche quello che dovete fare. Dovete sempre pregare. Quando pregate, Dio rimuoverà i vostri nemici e disperderà i loro malvagi piani contro la vostra visione. Dovete provare quanto più possibile a proteggere fisicamente e spiritualmente voi stessi, i vostri lavoratori e la visione. Sono solamente arrabbiati con voi per la visione. Se oggi la abbandonate, tutte queste ostilità fisiche e spirituali si fermeranno automaticamente. Vero. Ma Dio lo proibisce! Dobbiamo renderci conto della chiamata di Dio nella nostra vita. La vostra visione è la vostra vita e non potete sacrificarla a causa dell'opposizione o intimidazione da parte dei nemici. Questo è importante. E dovete fare ciò notte e giorno. Essere vigili permanentemente, eternamente!

Intimidazione, Cospirazione, Inganno e Imbroglio

Quando i piani tormentarono Neemia e la sua visione anche fallì, i nemici cercarono di adescarlo e di danneggiarlo e metterlo anche in collisione con Dio peccando contro di Lui. Assunsero anche qualcuno per dare una falsa profezia per ingannarlo. In realtà, volevano distruggere disperatamente il lavoro e il lavoratore. Ma nessuna cospirazione può fermare la vostra visione perché viene dall'alto. Ma Neemia ha detto due cose molto importanti che mi piacerebbe che notaste prima di andare avanti. O forse leggiamo prima di commentare:

"Quando Samballat, Tobia e Ghesem, l'Arabo, e gli altri nostri nemici ebbero udito che avevo ricostruito le mura e che non c'era più rimasta nessuna breccia - sebbene allora non avessi ancora messo i battenti alle porte - Samballat e Ghesem mi mandarono a dire: "Vieni, e troviamoci assieme in uno dei villaggi della valle di Ono". <u>Essi volevano farmi del male. Io mandai loro dei messaggeri per dire: "Io sto facendo un gran lavoro! Non posso scendere. Il lavoro rimarrebbe sospeso se io lo lasciassi per scendere da voi".</u>

Quattro volte essi mandarono a dirmi la stessa cosa, e io risposi loro allo stesso modo."

Neemia 6:1-4

"Io andai a casa di Semaia, figlio di Delaia, figlio di Metabeel. Or egli se ne stava rinchiuso là. E mi disse: "Troviamoci assieme nella casa di Dio, dentro il tempio; e chiudiamo le porte del tempio. Essi verranno a ucciderti, e verranno a ucciderti di notte". Ma io risposi: "Un uomo come me si dà forse alla fuga? Un uomo come me potrebbe entrare nel tempio e vivere? No, io non vi entrerò!" <u>Io compresi che egli non era mandato da Dio, ma aveva pronunciato quella profezia contro di me, perché Tobia e Samballat lo avevano pagato. Lo avevano pagato per impaurirmi e spingermi ad agire a quel modo e a peccare. Per avere un precedente che mi causasse una cattiva reputazione e il disonore.</u>"

O mio Dio, ricordati di Tobia, di Samballat, e di queste loro opere. Ricordati anche della profetessa Noadia e degli altri profeti che hanno cercato di spaventarmi."

Neemia 6:10-14

Innanzitutto, cercarono di allontanarlo dal suo incarico ed egli rifiutò. Disse che quattro volte inviarono il messaggio e quattro volte diede loro la stessa risposta. Wow! Alcuni ragazzi sono davvero disciplinati. Dovete essere pronti a dire **No** al nemico tante volte quante volte arriva per allontanarvi dalla vostra visione. La vostra visione è la vostra vita come abbiamo detto e non dobbiamo essere compromessi in nessuna forma. Imparate come dire no quando necessario. Quando si tratta di distrarre vi prego dite un grosso NO!

In queste due occasioni cercarono di allontanare Neemia dalla sua visione, egli disse no e anche che, **"Si rese conto..."** Avete visto? Al primo scontro, si rese conto che stavano complottando di danneggiarlo. Poi, al secondo, egli comprese che Dio non parlò a Samaia ma che egli fu assunto dai nemici per indurlo a peccare contro Dio. Gesù Cristo! Neemia era veramente pronto per Dio per questo compito. Era fisicamente, mentalmente, emotivamente e spiritualmente preparato. Percepisco che lo spirito di Dio lo stava rendendo "consapevole" di tutti i piani e gli intenti nascosti di queste genti traditrici. Abbiamo veramente bisogno di questa unzione per concretizzare ciò che Dio ci ha destinato a raggiungere.

Dovete essere in grado di vedere, percepire oltre il valore fisico, immediato e il valore nominale, il messaggio. Dovete guardare oltre quello che vi viene detto e al di là dell'inganno umano in modo da poter diventare consapevoli degli intenti della gente e del nemico. Qui la parola è Discernimento e dovete chiedere a Dio la pienezza di questo spirito. A volte la differenza tra il successo e il fallimento, la vittoria e la sconfitta è solo la capacità di vedere oltre, di discernere. Ho sempre visto che Dio mi ha allontanato da ciò che sarebbe stato un terribile pasticcio, un pericolo o una distruzione; a volte, da cattivi investimenti e trappole del nemico.

Uno dei doni più grandi in questa vita è il dono del discernimento. Infatti, può anche guidarvi sul punto di decisioni su investimenti. Ricordo una volta che stavo facendo un errore che mi doveva costare la vita e non lo sapevo. Anche come sognatore era nascosto da me finché non sono andato in profondità nel progetto. Ma Dio nella sua infinita misericordia ha usato questo spirito di discernimento per richiamarmi. In realtà, ero quasi andato. Immaginate quando la gente stava vedendo già che venite fatti uscire dall'obitorio nelle loro visioni. Grazie a Dio per quella salvezza. Quando non portate Dio accanto pagate un prezzo pesante per questo. Che Dio ci aiuti! Chiedete a Dio che questo spirito di discernimento si basi su di voi permanentemente e sempre rivolgetevi al SIGNORE. Esso si manifesta in diversi modi. Viene secondo l'operazione dello Spirito di Dio in voi. Può venire attraverso sogni, visioni, testimonianza interiore, piccola voce calma, e parola di Dio e anche attraverso eventi e azioni, e anche come avvertimento diretto da parte di altri. Neemia sfuggì a tutte le trappole del nemico perché era vicino a Dio e aveva il Suo Spirito su di lui. Ha sempre distinto gli intenti nascosti del nemico.

Resistete ad ogni tentativo di allontanarvi dalla vostra visione. Siate saggi, guidati dallo Spirito. Ora, vediamo brevemente alcuni grandi uomini che sono stati allontanati dalle loro visioni dal nemico e i prezzi pesanti evitabili che hanno pagato per la loro disattenzione.

Sansone Fu Allontanato

Sansone il grande fu adescato dal nemico. Questo fu un uomo di cui gli angeli vennero ad annunciare questo arrivo anche prima che sua madre lo concepisse. Ebbe un grande incarico che era quello di mettere in salvo totalmente il suo popolo dalla schiavitù torrida dei Filistei. Egli mantenne la visione e ci riuscì finchè non decise di essere distratto. Andò contro la parola di Dio, contro la cultura del suo popolo e contro il consiglio del Suo genitore per unirsi al campo nemico. E prima che potesse saperlo fu, rasato, indebolito, accecato, umiliato e sconfitto. Queste sono le cose che subiamo quando diventiamo distratti alla parola di Dio o al nostro incarico.

Ora, questo stesso Sansone che stava rimuovendo i cancelli dei nemici, uccidendone a migliaia, uccidendo i leoni a mani nude e fu destinato a salvare il su o popolo si ritrovò accecato, in catene e in prigione. Grazie alla donna Filistea Delila che fu usata per allontanarlo. I nemici provarono tutte le altre opzioni e fallirono, quindi decisero di sfruttare la sua debolezza per la donna e distruggerlo. Sansone ha pagato per questo errore e prego che voi non facciate mai un errore nel nome di Gesù! Il nemico cerca sempre una via di debolezza per attirarci via dalle nostre visioni, dall'incarico, dal favore e dalla protezione di Dio. Se amate il denaro, egli userà il denaro. Se amate le donne, userà le donne e se amate la posizione e l'orgoglio, userà anche quelli per distrarvi. Qual è la vostra debolezza? Chiudetela! Fate attenzione! Siate saggi! Siate disciplinati! Siate concentrati!

Davide

Certo Davide fu una delle più grandi, più favorite e potenti persone che troverete nella bibbia e nella storia ma anche lui assaggiò il dolore, la vergogna e i pentimenti che seguono quelli che si permettono di allontanarsi. Fu allontanato dal suo incarico e dalla gloria dal peccato dell'immoralità. Quando altri re erano impegnati nei loro incarichi, andando in guerra, Davide rimase indietro e vagava. Fu presto attratto dal peccato e le conseguenze furono indicibili. Infatti, finora Israele soffre ancora per quella singolare negligenza. Questo è uno degli eventi più tristi della Bibbia da una delle persone più favorite. Che Dio ci aiuti! Vi prego di leggere prima di andare avanti:

"L'anno seguente, nella stagione in cui i re cominciano le guerre, Davide mandò Ioab con la sua gente e con tutto Israele a devastare il paese dei figli di Ammon. Nel processo arrivarono ad assediare la città di Rabba. Ma <u>Davide rimase a Gerusalemme.</u>

<u>Una sera Davide, alzatosi dal suo letto, si mise a passeggiare sulla terrazza del palazzo reale. Dalla terrazza vide una donna che faceva il bagno. Davide mandò a chiedere chi fosse la donna</u> . Gli dissero: «È Bat-Sceba, figlia di Eliam, moglie di Uria, l'Ittita». Davide mandò a prenderla; lei venne da lui ed egli si unì a lei. (Ella si era appena purificata dalla sua impurità dopo aver avuto il periodo mestruale). Poi lei tornò a casa sua. La donna rimase incinta e lo fece sapere a Davide dicendo: «Sono incinta.»

2 Samuele 11:1-5

Vergogna! Guardate queste parole: "Mentre i re andarono in guerra, Davide rimase dietro" "Egli mandò altri a fare ciò che doveva condurre lui" "Stava ancora dormendo e passeggiando nel pomeriggio" "vide e notò una donna" "La mandò a prendere, dormì con lei e la mise incinta". O mio Dio! Terribile! Catene di errori! Questo è ciò che succede quando si lascia il posto di servizio, quando si lascia l'incarico. Andrete da un errore all'altro finché alla fine non siete in trappola o distrutti. Finalmente uccise l'uomo e sposò la moglie. E poi arrivò il grande giudizio! Dio abbia pietà di noi!

Questo grande uomo è stato profondamente umiliato, sconfitto e disonorato. Grazie a Dio, fu finalmente risanato, ma fu un'esperienza lunga e molto difficile. Conoscete già questa storia molto bene. Questo è il prezzo che si paga quando vi permettete di essere allontanati dal vostro incarico.

Israele

Il nemico non poteva sconfiggere o maledire Israele finché non fosse stato allontanato da Dio. Ricordate la storia di come Israele fu attirato nell'immoralità e idolatria dalle donne Moabite? Prima di allora, il re Balak di Moabito, per paura, aveva mandato a chiamare un mago molto potente chiamato Balaam da Pethor, vicino al fiume Eufrate, per far venire e maledire il popolo di Dio, ma Dio lo costrinse a benedirli invece. E il re non fu contento di questo. Era frustrato.

Ma dopo molta persuasione, il mago più tardi gli disse cosa fare. Allontanarli da Dio. Ha fatto capire al re e al suo popolo che Israele non può essere maledetto o sconfitto, a meno che non facciate sì che sia Dio a lasciarli adescandoli nel peccato. State ascoltando? Non potete crollare; le opposizioni non possono intrappolare o distruggere la vostra visione, a meno che non vi permettano di allontanarvi. Purtroppo, molto tristemente gli israeliti più tardi caddero in questa trappola strategica deviante. I loro uomini cominciarono a dormire con le donne Moabite e queste donne gradualmente, sistematicamente, li attirarono ad adorare idoli, tra cui il detestabile Baal di Peor. Immoralità e idolatria! Questo Dio arrabbiato, questo stesso Dio che gelosamente li proteggeva e l benediceva. Immediatamente inviò la peste che alla fine uccise 24.000 uomini prima che Israele capisse cosa stesse succedendo:

"Or Israele era stanziato a Sittim e il popolo cominciò a fornicare con le figlie di Moab. Esse invitarono il

popolo ai sacrifici offerti ai loro dèi; e il popolo mangiò e si prostrò davanti ai loro dèi. Israele si unì a Baal-Peor e l'ira del SIGNORE si accese contro Israele."

Numeri 25:1-3

"...la dottrina di Balaam, il quale insegnava a Balac il modo di far cadere i figli d'Israele, inducendoli a mangiare carni sacrificate agli idoli e a fornicare."

Apocalisse 2:14

Quando i vostri avversari, detrattori, nemici, avversari sanno che non possono distruggerli per forza, provano a farvi allontanare da Dio, dalla vostra visione, dal vostro destino. Molte cose possono arrivare per portarvi via dalla vostra visione. E se sciocamente, inconsciamente lo permettete, preparatevi a pagare il prezzo che può includere: fallimento, dolore, sconfitta, distruzione e vergogna. Israele pagò pesantemente per la sua stoltezza. Ventiquattromila uomini morirono più altri problemi e confusione! Non siate sedotti. Restate sul cammino! Qualsiasi o qualunque associazione che non contribuirà positivamente al raggiungimento dei vostri sogni finirà per ucciderli. Molti grandi uomini sono stati sconfitti non per armi o forze, ma con la sottigliezza, l'inganno e le proposte del nemico. Fate attenzione!

Adamo ed Eva

Questa prima coppia anche fu allontanata dal bell'ambiente, dalle benedizioni, piani e promesse di Dio per la loro vita. Guardate dove Dio li ha tenuti; quel bel giardino di piante e nutriti dal Creatore stesso. La terra aveva eccezionalmente oro puro, resina aromatica, onice, ecc, in abbondanza. Erano responsabili di tutto e avevano anche buoni rapporti con il loro creatore. Egli aveva grandi progetti per loro. Ma il serpente arrivò e li allontanò da tutto ciò.

Il serpente qui non è l'animale, ma Satana il diavolo, quel vecchio cattivo ingannatore, quel bugiardo e predone. Li attirò nella disobbedienza e le conseguenze furono terribili. Il peccato, la morte, il male e il fallimento entrano nel mondo; solo attraverso questo singolare errore. Ascoltate il maestro dell'inganno nella sua parte migliore:

"Il serpente era il più astuto di tutti gli animali dei campi che Dio il SIGNORE aveva fatti. "Come?" esso disse alla donna. "Dio vi ha detto di non mangiare da nessun albero del giardino?

La donna rispose al serpente: «Del frutto degli alberi del giardino ne possiamo mangiare. "Ma del frutto dell'albero che è in mezzo al giardino non possiamo mangiare. Dio ha detto: "Non ne mangiate e non lo toccate, altrimenti morirete».

«No, non morirete affatto!" il serpente disse alla donna. "Ma Dio sa che nel giorno che ne mangerete, i vostri occhi si apriranno. E sarete come Dio, avendo la conoscenza del bene e del male.»

Genesi 3:1-4

O Dio! Penso che l'errore che Eva ha fatto qui era quello di entrare in qualsiasi forma di discussione con il diavolo. Non analizzate le cose con il nemico. Dovete solo ignorare, resistere, rimproverarlo, legarlo o abbandonarlo. Semplice! Una volta che gli date l'opportunità, sicuramente, sa come meglio convincervi a andare contro la volontà di Dio o contro la vostra visione. Ha centoventi ragioni per cui dovreste abbandonare quella visione, quel progetto. Vero. Anche mentre sto scrivendo questo libro, mi può dare le ragioni per cui non dovrei. Il nemico non è cambiato. E' ancora la stessa vecchia volpe deviante!

Anche quando Eva ha citato lui la parola (ordini) di Dio, è riuscito a torcere, corrompere e andare avanti per attirare la povera donna e il marito nel peccato della disobbedienza. E quel bel piano, destino fu corrotto, annacquato e ridotto. Non analizzate la vostra situazione, la vostra visione, la condizione con il nemico. Tenetelo completamente a distanza e andate avanti, in modo da non farvi allontanare. Non dategli mai l'opportunità perché è un maestro in quel gioco. Resistete, rimproveratelo, legatelo, abbandonatelo, chiudetelo o scappate! Possiamo andare avanti e avanti, ma permettetemi di passare ad un ottimo esempio di uomo che si rifiuta di essere allontanato dal suo viaggio verso il successo.

Giuseppe si Rifiutò di Cedere

Sì, Giuseppe rifiutò di essere allontanato. Conoscete bene la storia di questo ragazzo, così avanti veloce nella sua permanenza in casa di Potifar. Quando questo bel ragazzo ebreo venne a servire in casa di Potiphar, la bibbia dice che Dio ha cominciato a benedirlo, ha benedetto il suo padrone tanto che anche l'uomo ha riconosciuto che Giuseppe era una persona favorita e di successo. Ma al nemico non piaceva, perciò istigò la moglie di Potifar a desiderare Giuseppe. E qual era l'obiettivo? Contaminarlo e fermare la sua scalata al successo! Questa donna ha fatto di tutto per attirare il ragazzo nel peccato, ma Giuseppe rifiutò. Questa è una persona che ha visto il suo futuro e non è stata pronta a scartarlo. Leggiamo:

"…Giuseppe era avvenente e di bell'aspetto. Dopo queste cose, la <u>moglie del padrone di Giuseppe gli mise gli occhi addosso e gli disse: «Unisciti a me!» Ma egli rifiutò</u>. E disse alla moglie del suo padrone: «Ecco, il mio padrone non mi chiede conto di quanto è nella casa e mi ha affidato tutto quello che ha. In questa casa, egli stesso non è più grande di me! Nulla mi ha vietato, se non te, perché sei sua moglie. Come dunque

potrei fare questo gran male? Sarebbe un grande peccato contro Dio".

Benché lei gliene parlasse ogni giorno, Giuseppe non acconsentì a unirsi né a stare con lei."

Genesi 39:6-10

Dobbiamo, a tutti i costi, resistere dall'essere distolti dalla nostra visione. Guardate Giuseppe, queste donne hanno fatto tutto il possibile per assicurarsi che Giuseppe dormisse con lei, ma il ragazzo ha rifiutato e mantenne le distanze, la evitò. Voglio che guardate al di là di questo dormire e vedete cosa c'è in realtà in competizione qui. La lotta era per il destino di Giuseppe e il ragazzo capì questo molto bene. Allora, la moglie di Potifar sapeva cosa c'era in gioco? Ne dubito. Sapeva e gli interessava solo di assaggiare questo giovane molto bello, ben fatto, intelligente e laborioso, che la "provvidenza" ha portato in casa sua. Sì, a volte le persone che cercheranno di attirarvi lontano dal vostro destino, la visione potrebbe non conoscere l'implicazione di ciò che stanno facendo e la persona reale dietro le loro azioni. Ma avete la responsabilità di resistere o fuggire, perché è in gioco il vostro futuro, il vostro successo.

Giuseppe resistette e fuggì via! Perché? Ricordava i suoi grandi sogni, gli ordini divini del padre e soprattutto il rispetto per il suo Dio. Aveva gli occhi su ciò che Dio aveva detto riguardo a lui. Aveva la sua attenzione su quella visione in cui suo padre, sua madre e i suoi fratelli (Sole, luna e stelle) si inchinavano a lui. Voleva avere successo. Era determinato a vedere quel sogno trasformarsi nella sua vita. E sapeva che il peccato poteva danneggiare tutto ciò, così si rifiutò di essere attirato dall'immoralità. Sì, fu punito per questo, ma la mano e il favore di Dio rimasero con lui fino a quando non ebbe successo. Fu trascinato da quella prigione al palazzo. Qualunque cosa farà il nemico per rendervi vittima sarà trasformato in promozione nel nome di Gesù! Rifiutatevi di essere trascinati perchè il vostro destino è coinvolto. Attaccatevi alla vostra visione. Neemia rifiutò apertamente di essere trascinato via!

Gesù

Possiamo partire senza parlare dell' esperienza di Gesù nel deserto? No! Subito dopo il Suo battesimo, andò in solitudine per prepararsi al ministero. Ha digiunato per quaranta giorni e quaranta notti e fu molto affamato. Poi quel vagabondo - Satana vide questa opportunità e strisciò per distruggere la visione. Egli usò il pane (cibo) per allontanare Gesù perchè sapeva che Gesù aveva molta fame e aveva bisogno di cibo. Ha usato il potere sapendo che Gesù aveva bisogno del potere di Dio per realizzare la visione. Ha usato anche la gloria del mondo perché sapeva che quello che Gesù stava per realizzare attirerà definitivamente, in modo atteso la gloria divina. Ascoltate, il nemico userà sempre quello di cui avete bisogno o quello che vi sembra utile per allontanarvi. E' molto furbo. Arriva come esca! Ma, ricordate sempre che ciò che vi sta offrendo è falso; l'imitazione dell'originale preparato per voi da Dio. Ascoltate ora, ciò con cui il nemico vi sta attirando non può essere paragonato alla gloria che Dio vi ha preparato se completerete quel progetto. Ottimo! Vediamo cosa è successo in quel deserto:

Allora Gesù fu condotto dallo Spirito nel deserto, per essere tentato dal Diavolo. E, dopo aver digiunato quaranta giorni e quaranta notti, alla fine ebbe fame. E il tentatore, avvicinatosi, gli disse: «Se tu sei Figlio di Dio, ordina che queste pietre diventino pani».

Ma egli rispose: "No! «Sta scritto: "Non di pane soltanto vivrà l'uomo, ma di ogni parola che proviene dalla bocca di Dio"». Allora il diavolo lo portò con sé nella città santa, lo pose sul pinnacolo del tempio, e gli disse: «Se tu sei Figlio di Dio, gettati giù! Poiché sta

scritto: "Egli darà ordini ai suoi angeli a tuo riguardo. Ed essi ti porteranno sulle loro mani, perché tu non urti con il piede contro una pietra"».

Gesù gli rispose: «È altresì scritto: "Non tentare il Signore Dio tuo"». Di nuovo il diavolo lo portò con sé sopra un monte altissimo e gli mostrò tutti i regni del mondo e la loro gloria. <u>E gli disse, «Tutte queste cose ti darò, se tu ti prostri e mi adori». Allora Gesù gli disse: «Vattene, Satana. Poiché sta scritto: "Adora il Signore Dio tuo e a lui solo rendi il culto".»</u> Allora il diavolo lo lasciò, ed ecco degli angeli si avvicinarono a lui e lo servivano."

Matteo 4:1-11

Dio Mio! Che incontro! Anzi, sarebbe stato un'enorme eterna catastrofe se Gesù avesse fatto una qualsiasi di queste cose richieste da questo ingannatore. Tutto il progetto divino sarebbe crollato immediatamente. E queste sono anche le stesse cose che ci fanno allontanare dai piano di Dio oggi - Pane (Cosa mangeremo e i nostri bisogni), potere, protezione, orgoglio di vita e la gloria del mondo. Quando ci si arrende a uno di questi, si perde immediatamente la visione. Certo, Gesù aveva il potere di fare tutte queste cose, ma si rifiutò apertamente, resistette e rimproverò il nemico. Gesù gli resistette con la parola di Dio, "Sta scritto!" Tre volte egli tentò e tre volte Egli disse ciò che stava scritto nelle Scritture. La parola di Dio è l'arma più affidabile per resistere e sconfiggere il nemico in qualsiasi momento. Gloria a Dio!

E avete inoltre notato come quell'essere astuto stava tentando erroneamente di usare le promesse (parola) di Dio per manipolare Gesù nell'obbedirlo. Dovete conoscere le promesse, la parola di Dio e applicarle giustamente per poter sconfiggere Satana. Vero. Egli li conosce molto bene e cerca sempre una via per corromperli a nostro danno. Poi, non importa quante volte o in quante forme il nemico arriverà, siate sempre pronti a dirgli ciò che Dio ha detto su di voi e sul vostro destino. Sta scritto! Dite ciò che dicono le Scritture. Tutto ciò che il nemico voleva era far deragliare il progetto di salvare l'uomo dal peccato e dalle sue conseguenze. Ora, cosa sta usando attualmente il nemico per allontanarvi? Cosa?? Alzatevi e resistetegli.

Accuse e Ricatti

Nella strada verso l'alto, sarete accusati e ricattati falsamente. Preparatevi a questo. Tutti questi sono volti a scoraggiarvi dal muovervi. Niente, ripeto, nulla sarà risparmiato. Lo fecero a Neemia, ma egli pregò, li ignorò e continuò il lavoro:

Allora Samballat mi mandò a dire la stessa cosa una quinta volta per mezzo del suo servo che aveva in mano una lettera aperta, nella quale stava scritto: "Corre voce fra queste popolazioni, e Gasmu l'afferma, che tu e i Giudei meditate di ribellarvi; e che perciò tu ricostruisci le mura. Stando a quel che si dice, tu dovresti diventare loro re. E avresti perfino costituito dei profeti per farti proclamare re a Gerusalemme, dicendo, "Guarda! C'è un re in Giuda!"

Questi discorsi saranno riferiti al re. Vieni dunque, e parliamone assieme". Io gli feci rispondere: "Le cose non stanno come tu dici, ma sei tu che le inventi. Non c' è verità in nessuna parte della tua storia ". <u>Tutta quella gente voleva impaurirci e diceva: "Perderanno il coraggio e il lavoro non si farà più"</u>. Ma ora, o Dio, fortificami affinchè continui il lavoro."

Neemia 6:5-9

Tradimento

Il tradimento è essere ingannevole, dare via o essere sleale. Se tentarono di tradire Neemia e la sua visione, allora, tenteranno anche di tradire voi. Aspettatevi slealtà da alcuni dei vostri partner, confidenti, operai, amici fidati, colleghi e anche relazioni. In ogni progetto divino ci deve essere un Giuda da provare a distruggere. Neemia ne aveva una dose. Anche persone dal suo stesso popolo che normalmente avrebbe dovuto essere felice e sostenerlo, erano anche impegnate a tradirlo e dare fedeltà ai suoi nemici. E avevano le loro ragioni per farlo. Qui, era il loro matrimonio e le loro relazioni personali. Ma qualcuno dovrebbe avere qualche ragione per tradire l'opera di Dio, la visione divina? Non credo proprio!

Non c'è bisogno di essere infedeli a una causa in cui siete coinvolti. Credo che se non ci piace la visione o il promotore è meglio andarsene che tradirla. Andate via. Meglio che stare e allo stesso tempo tradirli. Dico questo perché la ricompensa del tradimento è enorme. Andate e prendete il mio libro *"Rompere le Maledizioni Generazionali: Rivendicare la Vostra Libertà.* La ricompensa del tradimento è spesso il suicidio, l'autodistruzione e molte altre maledizioni generazionali difficili. Si, ha conseguenze generazionali. Non è mai andata bene con un traditore. Neemia lo disse qui:

"In quei giorni, anche dei notabili di Giuda mandavano frequenti lettere a Tobia, e ne ricevevano da Tobia. Poiché molti in Giuda gli erano legati per giuramento perché egli era genero di Secania figlio di Ara, e Iocanan, suo figlio, aveva sposato la figlia di Mesullam, figlio di Berechia. Essi dicevano bene di lui perfino in mia presenza, e gli riferivano le mie parole. E Tobia mandava lettere per impaurirmi."
Neemia 6:17-19

Accordo con Proteste

Un' altra questione da affrontare mentre si marcia verso il successo sono le proteste. Quando le identificate, affrontatele immediatamente, in modo imparziale e giudizioso. Verificate ciò di cui si lamentano le persone e ponetevi rimedio. Non trascurate mai nessuno, non importa quanto sia insignificante. Neemia ha ascoltato la lamentela del popolo e l' ha trattata in modo rapido e giudizioso. Questo è il marchio di un grande leader.

"Quelli di Giuda dicevano: "Le forze vengono meno ai portatori di pesi. E le macerie sono molte; noi non riusciremo a costruire le mura."
Neemia 4:10

A proposito di questo tempo alcuni uomini e le loro mogli sollevarono un grido di protesta contro i loro compagni ebrei. Dicevano, "....
Neemia 5:1-13

«Ci fu un grande lamento tra gli uomini del popolo e le loro mogli contro i Giudei loro fratelli." E questo può mettere in pericolo la visione. Prestate attenzione a ogni insoddisfazione e affrontatela. Ascoltate ciò che le persone dicono, ma solo non lasciatevi emozionare. Utilizzatelo per migliorare la visione e voi stessi. A volte Gesù si fermava e chiedeva ai suoi discepoli:"Cosa dicono di me le persone?" "E cosa dite di me?" "Qual è la vostra personale opinione?" Voleva misurare le opinioni del popolo e dei suoi discepoli. Chiunque dica che non gli importa dell'opinione degli altri su di lui è decisamente condannato. Anche Dio si preoccupa dell' opinione dell'uomo su di Lui. Vero. Vi prego, non stiamo dicendo che l' opinione pubblica dovrebbe essere definitiva, ma almeno di ascoltarla, guardarla. Potreste guadagnare una o due cose da essa e continuare con la vostra visione. C' è sempre grande saggezza, sicurezza e benedizione nell'ascolto. Parlate meno e ascoltate di più.

Ricordo una volta quando Gedeone e il suo esercito stavano pianificando di attaccare il campo dei Madianiti, l'Eterno ha diretto Gedeone al campo nemico per ascoltare quello che stavano dicendo, in modo che sapessero che aveva dato loro vittoria sui Madianiti. Gedeone ha fatto come ordinato e ciò che sentì lo incoraggiò ad andare avanti, mobilitare il suo esercito e attaccare i nemici. Sapevate già come quella battaglia finì. I nemici furono sconfitti e i loro generali catturati! Ascoltate sempre! A volte chiamate i vostri lavoratori, partner e parlate con loro. Siate attenti e pazienti!

Siate coraggiosi e dimostrate leadership

Anche di fronte tutte queste opposizioni, minacce, intimidazioni, tradimenti e pericoli reali, Neemia ha continuato ad essere coraggioso e a incoraggiare gli altri a continuare il lavoro. Sarete d'accordo con me che il coraggio eroico che ha manifestato qui è inconsueto. Egli ha effettivamente dimostrato una vera leadership. Ha partecipato personalmente al lavoro, coinvolto nella difesa e ha avuto ancora la forza di continuare a incoraggiare, supervisionare e motivare gli altri. Wow! Questa è vera leadership!

Sono anche affascinato dalle sue strategie amministrative e militari. Fu un amministratore qualificato? Fu addestrato alla strategia militare?? Pensavo fosse solo un coppiere in terra straniera? Quando Dio chiama, si allena e si attrezza.

Certo, Dio aveva innestato in quest' uomo tutta la saggezza, il coraggio, il favore, ecc. necessari a compiere questo compito. L'unzione per eseguire e completare il lavoro fu a lui rilasciata. E questa era la fonte di tutto ciò che vedete manifestarsi attraverso di lui. Dio vi ha già dato tutto ciò di cui avete mai bisogno per avere successo. Sono stati costruiti in voi! Anche se non li state ancora vedendo, presto cominceranno a manifestarsi mentre continuate. A mano a mano che si presentano le sfide, le qualità intrinseche verranno rilasciate proporzionalmente per eguagliarle. Ascoltate questo grande stratega:

"Allora io disposi il popolo per famiglie, nelle parti più basse del posto, dietro le mura, allo scoperto. Disposi le persone per far guardia alle famiglie, con le loro spade, le loro lance, i loro archi. Dopo <u>aver bene esaminato ogni cosa, mi alzai e dissi ai notabili, ai magistrati e al resto del popolo: "Non li temete!</u> Ricordatevi del Signore, grande e tremendo. Combattete per i vostri fratelli, per i vostri figli e figlie, per le vostre mogli e le vostre case!"

Quando i nostri nemici si accorsero che eravamo al corrente dei loro piani, Dio rese vano il loro progetto, e

noi tutti tornammo alle mura, ognuno al suo lavoro. Da quel giorno, la metà dei miei giovani lavorava, e l'altra metà stava armata di lance, di scudi, di archi e di corazze. E i capi stavano dietro a tutto il popolo di Giuda. Quelli che costruivano **le mura e quelli che portavano o caricavano i pesi, con una mano lavoravano, e con l'altra tenevano la loro arma.** E ognuno dei costruttori, durante il lavoro, portava la spada cinta ai fianchi. Il trombettiere stava accanto a me."

Neemia 4:13-18

E come Neemia disse al popolo e ai suoi capi, oggi vi dico: "Non abbiate paura." Ricordate l' Eterno che è Grande, vero e fedele rimarrà con voi finché quel progetto non sarà finalmente finito. Questa è la Sua promessa! Dio vanificherà tutti gli sforzi del nemico per frustrare questa visione nel nome di Gesù! Egli è in grado di portare la sua visione nelle vostre mani per passare oltre. Amo il modo in cui l'apostolo Paolo dice in 1 Tessalonicesi 5:24: "Dio, Fedele è colui che vi chiama, ed egli farà anche questo." Amen! Avete sentito? Sì, lo farà!

Ora, perseguire il successo è come una guerra. Infatti, la vita stessa è guerra. Vero. Una guerra è legata a molte battaglie. Ci si aspetta di uscire su ogni fronte di battaglia determinato a vincere. E quando si vince si torna a casa con grandi ricompense e bottini di guerra. Se si vuole il bottino della guerra, allora, bisogna combattere e vincere le battaglie. Il successo, il successo inconsueto deriva dall'interazione di tutte queste variabili che abbiamo discusso in questo libro. Se meticolosamente mettete in pratica ciò che avete imparato da qui, posso garantire che nulla può impedirvi di muovervi e rimanere in cima.

È fatta!

Capitolo Nove

È fatta!

"Così il 2 Ottobre le mura furono <u>finalmente terminate</u> - solo cinquantadue giorni dopo che iniziammo. E quando tutti i nostri nemici lo seppero, tutte le nazioni circostanti furono prese da timore, e provarono una grande umiliazione. Riconobbero che questa opera si era compiuta con l'aiuto del nostro Dio"

Neemia 6:15-16

Gloria a Dio! Finalmente il lavoro fu finito! È una buona notizia. Non c' è nulla che dia gioia come iniziare un progetto, guardarlo crescere, passare attraverso difficoltà e incertezze e portare a termine con successo il compito. Porta con sé appagamento, gioia, orgoglio e gratitudine a Dio. Guardate i processi che ha attraversato questa particolare visione di Neemia; dal vedere il bisogno, ottenere la visione, pregare, pianificare, eseguire, gestire uomini e materiali, superare l'avversario, ecc. Fu davvero un compito difficile, ma Dio gli diede lui e a Giuda la vittoria. Ci sono voluti davvero molto coraggio, disciplina, saggezza, strategia, fede, sacrificio e preghiere.

Vedo che state svoltando nel vostro insolito successo. State per essere celebrati! Questa è la volontà di Dio per voi ed è per questo che siete venuti a contatto con questo libro. I vostri anni di fallimento sono passati. Sì, ogni anno è stato lo stesso per Hanna fino a quando l'uomo di Dio non ha parlato della sua vita. Parlo ora nella vostra vita che ogni traccia di fallimento sparirebbe da voi nel nome di Gesù! Ancora una volta, Gerusalemme fu in rovina per tanti anni fino a quando Neemia si alzò per ricostruirla. Ogni parte della vostra vita, carriera, lavoro in rovina sarà ricostruita ora. La vostra gloria sta tornando subito nel nome di Gesù!

Neemia **finalmente terminò** il compito! C' è grande gioia nel finire il compito. Le Scritture dicono che coloro che dureranno fino alla fine indosseranno la corona di gloria. Ora, la vostra visione, il vostro progetto, la vostra carriera non si fermeranno per strada. Nessuna opposizione, cospirazione, accusa, tradimento, beffa potrà fermarvi. Come egli superò tutto, voi dovrete superare tutto. **Infine, in definitiva, splendidamente, finalmente lo terminerete.** E il progetto, secondo quanto detto fu completato in un tempo record di 52 giorni! Incredibile! Velocità divina! Non c'è da meravigliarsi se i nemici e le nazioni intorno a Giuda si spaventarono e furono umiliate. Sì, questa è l' unica cosa che può spaventarli e umiliarli: il vostro successo. Le nazioni si alzeranno per voi!

Ora, io amo quando la Parola di Dio ci disse:"si resero conto che questo lavoro era stato fatto con l' aiuto di Dio." Come vi siete sentiti a leggere quelle parole? Sì, Egli rende possibile ciò che sembra impossibile! Con Lui niente, ripeto, nulla sarà impossibile. Situazioni, tempo, clima, tutta la creazione obbedisce a Lui. Parlerò ancora e per sempre di quel miracolo che Egli fece con i quattro lebbrosi in 2 Re 7:1-6. Trasformò l'economia devastata di

Israele in meno di ventiquattro ore. Il tempo e la condizione non possono mai essere un ostacolo per Dio. Ciò che Dio sta facendo nella vostra vita solleverà certamente delle domande. Lascerà le persone a bocca aperta. Non solo spaventerà e umilierà i vostri nemici, ma li stupirà anche e incoraggerà i vostri amici e quelli intorno a voi!

Gli israeliti cominciarono immediatamente a tornare a Gerusalemme dopo la ricostruzione. C'è sempre un ritorno, un ricongiungimento, rinvigorimento, un restauro, una rinascita, un ripristino dopo la ricostruzione. Il successo porta alla restaurazione della gioia e della gloria. E il vostro successo non vi porterà solo gloria, ma anche la restaurazione della vostra famiglia e del vostro popolo. Voi persone, i vostri sogni e il vostro posto non si trovano di nuovo in rovina e vergogna!

Ora che avete successo

"«Quando le mura furono ricostruite e io ebbi messo a posto le porte, e i portinai, i cantori e i Leviti furono stabiliti nelle loro funzioni."

Neemia 7:1

Amo quest' uomo chiamato Neemia. Fu infatti un grande uomo di Dio e un uomo di saggezza. Rifiutò di perdersi nell'euforia di ottenere un così grande successo, ma era più interessato a consolidare ciò che è stato fatto. Voleva istituzionalizzare il posto di Dio e il bene del suo popolo. Vero successo! Immediatamente, finirono di appendere l' ultima porta che significava finire il lavoro, nominò cantori, guardiani e sacerdoti. E vedo questi tre molto significativi. Non basta solo avere successo, bisogna anche sapere cosa fare dopo che il successo è arrivato, per permettersi di rimanere nel successo. Neemia lo ha fatto proprio con i suoi impegni e le sue azioni. Andiamo:

Cantori

Neemia nominò i cantori. Dovete dare a Dio la lode per tutto ciò che Egli vi ha aiutato a realizzare. Dovete lodarlo dall'inizio alla fine. È per Sua grazia e non per vostro potere o vostra saggezza. E anche dopo aver completato con successo il compito, dovete continuare ad essere grati. FateGli sapere che Lo riconoscete eternamente e rimanete a Lui grati. Gli uomini di gratitudine sono sempre uomini di altitudine. La vostra gratitudine determina l'altitudine! Questo è il segreto di alcuni dei più grandi uomini della Bibbia e della storia. Questo è il segreto del grande re Davide. Egli è sempre riconoscente a Dio. Lo loda sempre; dal suo cuore. Non c' è da stupirsi se Dio lo ha chiamato uomo dopo il Suo cuore. Dio ama così tanto le lodi! La Bibbia diceva che Egli abita, apprezza, festeggia nelle lodi del suo popolo.

Così Neemia era spiritualmente corretto per aver nominato i cantori. Dovremmo imitarlo. E non solo nominarli, dobbiamo lodare Dio tutti i giorni della nostra vita. Come ha fatto Davide, giorno e notte. La lode vi aiuterà durante tutto il processo. La lode attirerà il cielo vicino a voi. La lode attirerà l'aiuto divino a voi. La lode farà, conserverà, promuoverà e proteggerà voi e la vostra visione. La lode vi prenderà e vi terrà al di sopra. Non potete scendere quando siete un uomo/una donna di lode. Potete leggere di più sulla lode nel mio libro ***Potenza della Preghiera di Mezzanotte.***

Guardiani

Neemia nominò anche dei guardiani. Il lavoro di un guardiano è quello di vigilare su chi o che cosa arriva e va via dalla città. In primo luogo, ha fatto questo per prevenire i nemici, che sono già noti per furto e per attaccare la città. Vedo il guardiano qui come fisico e spirituale che veglia sul vostro successo. Sì, avete avuto successo, ma dovete anche continuare a vigilare, controllando quel successo per proteggerlo, altrimenti i nemici si infiltreranno e lo distruggeranno. Ci deve essere protezione del cancello. Sorvegliate!

Poi, dovete anche sorvegliare spiritualmente il vostro risultato. Cosa voglio dire qui? Dovete pregare regolarmente. Dovete nominare, radunare e riunire i partner che continuamente elevano questo successo davanti a Dio in preghiere. Ciò è molto importante. Il nemico non vi lascerà soli perché avete raggiunto il vostro obiettivo. No! Egli combatte. Combatte brutalmente e arriva il più delle volte in modo inaspettato. Ma se si sorvegliate doverosamente, potete rilevare e fermare i suoi sporchi piani. Come Neemia, dobbiamo nominare il guardiano ora che abbiamo avuto successo. Controllate anche i miei *libri Potenza della Preghiera di Mezzanotte e La Preghiera di Giosafat: O Dio Non Li Fermerai?* Sono bombe di preghiera! Vi aiuteranno così tanto.

Dovete guidare qualunque cosa Dio vi ha aiutato a realizzare. Dovete gestire il vostro successo. Non si tratta solo di arrivare in cima, ma si tratta di rimanere in cima. Ora, se non si mettono in atto queste cose necessarie, allora ci si sta preparando a scendere presto. Dio proibisce ciò!

Leviti

Il vostro successo deve andare costantemente verso Dio come un sacrificio. Perché Neemia deve nominare i Leviti, e qual è la loro funzione? Un Levita è un sacerdote che offre sacrifici a Dio Onnipotente. Si trova tra Dio e l'uomo; tra i morti e i vivi, tra l'altare e i banchi. Neemia nominò il Levita per offrire a Dio un sacrificio in nome del popolo. Presenterebbero il popolo e la sua realizzazione come sacrifici all'Onnipotente, e hanno un posto permanente e rispettabile nello schema delle cose. Così tante persone abbandonano Dio non appena raggiungono i loro obiettivi. E' come se usassero Dio o i Suoi servi per andare in cima e poi, calciano via la scala. Questo è ciò che vediamo ogni giorno ed è molto triste! Molto triste!

E questo spiega anche perché molti non rimangono costantemente in cima. Si arrampicano oggi e cadono il giorno dopo. Dio non può fidarsi di loro con le Sue benedizioni, con le Sue ricchezze celesti, con il successo, con le posizioni e le promozioni perché sicuramente torneranno sui propri passi. Essi sono destinati a deludere. Molto triste! Ci si aspetta che ci impegniamo di più quando siamo in salita. Il successo dovrebbe rendervi più umili, più impegnati e più vicini a Dio. Dovrebbe far sì che si voglia restituire di più alla società e alla gente. Credo che questo sia il motivo per cui Mosè disse loro che **si deve ricordare che è Dio che vi ha dato la possibilità di creare ricchezza.** Lo fate offrendo costantemente a Lui se stessi e tutto ciò che avete o realizzato come sacrificio. E come possiamo fare ciò? Usandoli per servire Dio e l'uomo! Questa è la volontà di Dio. Offrire totalmente e sempre. Offrite voi e le Sue benedizioni come sacrifici viventi a Lui.

Ora, vi rendete conto che non possediamo nulla in questa vita? Siamo venuti con niente e sicuramente andremo via con niente. Così tutto ciò che avete o avete raggiunto è "in prestito" per voi per "commerciare" con il mentre sulla terra. Nudi siamo venuti e nudi dobbiamo andare via! Vero! Quindi, ogni giorno, usate le vostre benedizioni, conquiste, talenti e la vostra vita come sacrificio a Dio e agli altri. Questa è la volontà di Dio. Ecco perché Lui vi sta benedicendo. Non appena ottenete un successo inconsueto vi prego di ricordare sempre ciò. Congratulazioni!

Preghiera

Prego affinché il successo che avete ricevuto attraverso questo messaggio rimanga permanente nel nome di Gesù! Da oggi, tutto ciò che sarà necessario per portarvi in cima vi inseguirà, si imbatterà su di voi e vi supererà! Che Dio vi favorisca in ogni area!

Molto Importante

Se dovete ancora ricevere Gesù Cristo come vostro personale SIGNORE e Salvatore, perchè non inchinate la testa verso il basso immediatamente? Confessate i vostri peccati e chiedete a Dio di perdonarvi. Ricordate, non si deve tornare alle vecchie strade. Potete scriverci per ulteriore consulenza. E ricordate, prima vi ho avvertito di non impegnarvi con il nemico se non sei un cristiano rinato, di preghiera e di vivere una vita santa. A voi le benedizioni!

Questo libro vi ha benedetto? Scrivete con l'indirizzo qui sotto e condividete le vostre testimonianze con noi. Dite agli altri del libro e lasciate anche una recensione del libro nella sezione "recensione". Grazie!

Rev. Gabriel Agbo

Tel: +234-8037113283

E-mail: gabrielagbo@yahoo.com

www.authorsden.com/pastorgabrielnagbo

PO Box 1755, Enugu - Nigeria.

Facebook / Double Honour International

Twitter: @pastorgabagbo

Apprezzeremo anche la vostra collaborazione, donazioni e supporti per questo ministero. Il vostro supporto porterà sicuramente questi messaggi tempestivi a tutte le parti del mondo. Inviate donazioni. Chiamateci oggi.

Altri miei libri

. Il Potere della Preghiera di Mezzanotte

. Rompere le Maledizioni Generazionali: Affermare la Vostra Libertà

. Doppio Onore

. No Croce No Corona

. Il Dio della Fertilità

. Ricevete la Vostra Guarigione

. Il Dio di Abramo, di Isacco e di Giacobbe

. Il Potere del Sacrificio

. Uscire dall'Egitto

. La Preghiera di Giosafat

. **Andate, Vi mando io**

. **Un Successo Inconsueto**

. **E altri**

Il Potere della Preghiera di Mezzanotte (Libro)

Questo libro 'Il Potere della Preghiera di Mezzanotte' sarà certamente uno dei libri più completi e potenti scritti sulla guerra spirituale. La scelta del titolo è venuta da un patrimonio di esperienza, testimonianze e confessioni agghiaccianti, e da un attento studio della parola di Dio. Si tratta infatti di un lavoro molto ricco e ben studiato. E 'stato descritto come un libro incredibile.

Qui, si impara l'enorme ma ancora essere pienamente sfruttato il potere spirituale incorporato nelle preghiere fatte tra le 11:00 pm e le 03:00 am. Sapete abbastanza circa i poteri esplosivi di lode, preghiera e digiuno? Sapete quali ruoli hanno gli Angeli di Dio, lo Spirito di Dio e il fuoco di Dio nella nostra guerra contro il regno delle tenebre?

In questo libro, sentirete direttamente dagli ex grandi maestri occulti del colossale impatto distruttivo che il nome e il sangue causano nel regno di Satana. Cosa succede quando Satana e i suoi demoni vengono direttamente a contatto con questi due elementi più potenti dell'universo? Perché Satana è caduto dal suo trono in un incontro, perché il nome di Gesù è stato menzionato?

Sapete di strategie di guerra del nemico contro la Chiesa, i cristiani e i ministri? Come fa a far cadere e talvolta uccidere i ministri del Vangelo? Chi sono gli agenti del regno oscuro nella chiesa? Che ruolo dovrebbero svolgere i guerrieri della preghiera? Qual è l'interesse del regno di Satana per la carne umana e il sangue? Perché i sacrifici umani nel mondo occulto? Leggete i vari racconti degli ex agenti di Satana e anche dei media sul sacrificio di esseri umani e altre pratiche non pubblicabili agghiaccianti. Perché una donna strapperebbe gli occhi di un bambino che gattona, lo massacrerebbe con tutti i suoi pianti e gemiti, e poi batte la sua carne e la mangia? Cosa fa l'occulto con il sesso? Possono gli spiriti maligni e le alleanze essere trasmesse attraverso il sesso? Perché un uomo dormirebbe con un bambino, depositando un serpente nel suo stomaco solo per acquisire potere, ricchezza e posizione?

Troverete altri argomenti esplosivi come la lotta contro Dio, legare e sciogliere, distruggere i cancelli, porte aperte, l'armatura di Dio, porte del cielo e porte dell'Inferno. I ventuno capitoli carichi di potenza di questo libro sicuramente vi accenderanno per Dio. Scommetto che non avete mai letto nulla di simile prima. Controllate qui

Rompere le Maledizioni Generazionali: Affermare la vostra Libertà (Libro)

Questo libro vi aprirà gli occhi sulle conseguenze di tutte le nostre azioni verso i nostri destini e quello dei nostri figli; anche quelli ancora non nati. L'argomento delle maledizioni è stato a lungo trascurato, e abbiamo ritenuto necessario esporlo. Iniziamo andando nelle scritture per sapere esattamente ciò che Dio ha da dire su di loro, come funzionano, e come possiamo essere liberi da loro completamente. Le maledizioni generazionali sono così importanti che Dio le ha inserite nelle tavole dei Dieci Comandamenti.

E' un fatto che molti, tra cui i cristiani di oggi, stanno soffrendo sotto le conseguenze della disobbedienza ai comandamenti e alle aspettative degli Dei. Così tanti sono legati dal nemico con strumenti invisibili e non identificabili di schiavitù. In questo studio, ci sarà insegnato come rompere queste catene che hanno origine dal nemico. Esploriamo più a fondo aree come l'idolatria (Compreso Halloween), l'immoralità, il tradimento, il furto, omicidio, ecc. Credo che mentre leggete questo libro ed esplorate le sue verità, ci sarà una agitazione in voi di esaminare voi stessi e compiere sforzi per vivere una vita santa, se non per se stessi, almeno per il bene dei vostri figli e le generazioni non ancora nate. Che Dio vi benedica mentre leggete questo libro e vi chiedo di leggerlo con un cuore e mente aperti in modo che la vostra comprensione possa essere perfezionata in che cosa è intorno a voi. Controllate qui

Ricevete la vostra Guarigione (Libro)

Questo libro è su come ricevere la guarigione divina. Dio può ancora guarire? Sì! Possiamo vivere oggi in buona e perfetta salute? Sì! Il nostro Dio è lo stesso ieri, oggi e per sempre. Aspettatevi la guarigione dato che leggete.

Qui, potrete leggere alcune testimonianze incredibili che aumenteranno immediatamente la vostra fede in Dio e la Sua capacità illimitata e astuzia di intervenire anche in situazioni peggiori. Per esempio, Dio guarisce ancora malattie incurabili e terminali. Resuscita ancora i morti. Avete letto di un uomo che è stato risuscitato dalla morte dopo una permanenza di due giorni nella camera mortuaria? Ora, se Dio può farlo, perché pensate che nulla può essere fatto riguardo la vostra condizione? Ci sono molte altre testimonianze incredibili qui.

Ci sono dieci potenti, capitoli illuminanti in questo libro: Tutto è possibile, Guarire è un Vostro Diritto, L'Origine della Malattia, La Parola di Dio, Il Nome di Gesù, Lo Spirito Santo, Il Potere della Fede, La Conservazione della Guarigione.

Potrete anche conoscere i ruoli della preghiera, l'olio dell'unzione, la posa delle mani, la compassione (amore), l'obbedienza, angeli, lode e adorazione, ecc, nella nostra ricerca per ricevere e mantenere la nostra guarigione. Questo libro è stato progettato per ricevere la guarigione come si passa attraverso di esso, ed è molto pratico. Lo potete anche ottenere da tutti i principali siti di librai, tra cui

La Preghiera di Giosafat (Libro)

Ogni battaglia in questa vita è vincibile! Tutte le battaglie che abbiamo di fronte sia come individui o gruppi sono rappresentate in tre categorie - guerre, malattie e carestia. Le guerre rappresentano opposizioni sia fisiche che spirituali, lotte e conflitti che dobbiamo affrontare ogni giorno. Le malattie comprendono tutte le malattie, le infezioni; malattie curabili e incurabili. Poi, la carestia o siccità coinvolge tutte le mancanze economiche, finanziarie e altre sfide. E in questo libro, mostriamo in

modo efficace che è possibile sempre attraversare queste sfide e uscirne vittoriosi.

Qui, troverete principi stabiliti e testati che in modo permanente vi porranno dal lato vittorioso. Essi sono infatti testati, divini, universali ed eterni. Essi non possono fallire. Qui troverete 10 capitoli di potere: La preghiera di Jehoshaphat, Dio del Cielo e della Terra, E' la Nostra Eredità, Guerra, Malattie e Carestia, Vedete Come Ci Ricompensano, Non Li Fermerai? Non essere spaventato o scoraggiato, Non è la Tua Battaglia, Credete nel SIGNORE, Marciate Domani e Potere della Lode. Abbiamo anche posto un insieme di potenti punti di preghiera che porteranno risultati immediati alla fine di ogni capitolo. Questo libro è disponibile su tutti i principali siti dei rivenditori di libri tra cui apple https://itunes.apple.com/us/book/id955493898

www.ingramcontent.com/pod-product-compliance
Lightning Source LLC
Chambersburg PA
CBHW050207230526
45470CB00001B/273